[システム監査担当者研修用テキスト]

厚生労働省指針に対応した
労働安全衛生マネジメントシステム
システム監査担当者の実務

中央労働災害防止協会

は じ め に

　労働災害の発生状況をみると、長期的には減少してきていますが、今なお多数の労働者が被災し、その減少率に鈍化の傾向がみられます。

　また、最近、労働災害が多発した時代を経験し、労働災害防止のノウハウを蓄積したベテラン担当者の退職等に伴い、安全衛生管理のノウハウが事業場において十分に継承されないことにより、事業場の安全衛生水準が低下し、労働災害の発生につながるのではないかということが危惧されています。さらに、これまで無災害であった職場でも「労働災害の危険性のない職場」であることを必ずしも意味するものではなく、労働災害の危険性が潜在しているおそれがあることから、この潜在的危険性をなくすための継続的な努力が求められています。

　今後、労働災害を大幅に減少させるためには、事業場において安全衛生担当者等のノウハウが確実に継承されるようにするとともに、労働災害の潜在的危険性を低減させること等により、事業場の安全衛生水準を向上させる必要があります。

　このため、「計画－実施－評価－改善」という一連の過程を定めて継続的に行う自主的な安全衛生管理に係る仕組みである労働安全衛生マネジメントシステムを確立し、生産管理等と一体的に運用することが重要となっており、厚生労働省では、平成11年4月30日に「労働安全衛生マネジメントシステムに関する指針」を公表し、事業者が労働安全衛生マネジメントシステムを構築して行う自主的活動の促進を図ることとされました。この指針は平成17年11月に労働安全衛生法が改正（平成18年施行）され、危険性又は有害性等の調査等の実施（リスクアセスメントの実施）が努力義務となったこと等を踏まえて、平成18年3月10日に見直されました。　さらに、同指針は、ISO（JIS Q）45001及びJIS Q 45100などの新たなOSHMS規格の制定や健康確保への関心の高まりといった国内外の安全衛生に関する状況の変化に対応するための見直しが行われ、令和元年7月1日に公表されました。

　本書は、事業場において労働安全衛生マネジメントシステムを構築する際に、システム監査を担当する人に対して、その実務に必要な知識等を得ていただくことを目的として編集されたもので、労働安全衛生マネジメントシステムを構成する要素について解説するとともに、システム監査の具体的な方法が示されています。

　本書が、関係者に広く活用され、労働安全衛生マネジメントシステムの各事業場への普及が進むことにより、職場における安全衛生水準が向上し、労働災害がより一層減少することを祈念してやみません。

　　令和元年9月

中央労働災害防止協会

目　　　次

第1部　総論

第1章　労働安全衛生マネジメントシステムの概要 ……………………11

1　労働安全衛生マネジメントシステムとは ……………………………11
1.1　労働安全衛生マネジメントシステムの必要性 ………………………11
1.2　労働安全衛生マネジメントシステムの基本的考え方 ………………12
1.3　労働安全衛生マネジメントシステムの特徴 …………………………13
1.4　労働安全衛生マネジメントシステムの有効性とその効果 …………14
2　労働安全衛生マネジメントシステムに関する指針 …………………15
2.1　労働安全衛生マネジメントシステムに関する指針の概要 …………15
2.2　労働安全衛生マネジメントシステムに関する指針の根拠法令 ………17
2.3　労働安全衛生マネジメントシステムに関する指針の目的 …………17
2.4　労働安全衛生マネジメントシステムに関する指針の性格 …………18
2.5　労働安全衛生マネジメントシステムに関する指針における主な用語の定義……19
2.6　労働安全衛生マネジメントシステムに関する指針の適用 ……………20

第2章　システム監査の目的と意義 …………………………………………22

1　システム監査の目的等 …………………………………………………22
1.1　労働安全衛生マネジメントシステムにおける調査、評価及び改善 ……22
1.2　システム監査とは（定義） ……………………………………………25
1.3　システム監査の目的 ……………………………………………………26
1.4　システム監査の効果 ……………………………………………………26
1.5　内部の者が行う監査と外部の者が行う監査 …………………………26
2　システム監査の基本 ……………………………………………………27
2.1　システム監査の実施者 …………………………………………………28
2.2　システム監査で調査する内容とその方法 ……………………………28
2.3　調査に基づく評価 ………………………………………………………29
2.4　システム監査の流れ ……………………………………………………30
2.5　システム監査の手順書 …………………………………………………31
2.6　システム監査の記録 ……………………………………………………31

第2部　システム監査の立上げ時の準備

第3章　システム監査の実施体制 ……………………………………………35

1　実施体制と役割 ……………………………………………………………35
1．1　システム事務局の役割 ………………………………………………35
1．2　システム監査チームの役割 …………………………………………36
1．3　被監査部門の役割 ……………………………………………………38
2　システム監査者の力量と養成 ……………………………………………38
2．1　システム監査者の力量 ………………………………………………38
2．2　システム監査者の養成 ………………………………………………39

第4章　調査の内容と評価 ………………………………………………42

1　調査の観点 …………………………………………………………………42
1．1　労働安全衛生マネジメントシステムの運用状況 …………………42
1．2　安全衛生活動の仕組みの整備とその運用状況 ……………………42
1．3　前回のシステム監査結果に基づく事項 ……………………………43
2　調査に基づく評価 …………………………………………………………44
2．1　被監査部門ごとに行う評価 …………………………………………44
2．2　事業場全体について行う評価 ………………………………………44

第5章　チェックリストの作成と活用 ……………………………46

1　チェックリストの活用と効用 ……………………………………………46
2　チェックリストの種類と作り方 …………………………………………46
2．1　労働安全衛生マネジメントシステムの運用状況の調査用チェックリスト＜第1のチェックリスト＞ …………………………………………46
2．2　安全衛生活動の仕組みの整備とその運用状況の調査用チェックリスト＜第2のチェックリスト＞ …………………………………………47
3　確認の方法と判定の基準 …………………………………………………48
3．1　確認の方法、手段 ……………………………………………………48
3．2　判定の基準 ……………………………………………………………49
4　チェックリスト作成の流れ ………………………………………………49
5　チェックリストの見直し …………………………………………………50

第6章　システム監査の手順書の作成と見直し ……………………………… 52

1　システム監査の手順書の作成 ……………………………………………… 52
2　システム監査の手順書の見直し …………………………………………… 53

第3部　システム監査の実施時の準備から結果の反映まで

第7章　システム監査の準備段階 ………………………………………………… 65

1　システム監査計画の作成 …………………………………………………… 66
　1．1　作成に当たって留意すべき事項 ……………………………………… 66
　1．2　盛り込むべき内容 ……………………………………………………… 66
2　監査チームの編成 …………………………………………………………… 67
3　システム監査実行計画の作成・通知 ……………………………………… 67
　3．1　作成に当たって留意すべき事項 ……………………………………… 68
　3．2　盛り込むべき事項 ……………………………………………………… 68
4　チェックリストの作成・整理 ……………………………………………… 69

第8章　システム監査の実施段階 ………………………………………………… 72

1　システム監査の事前打ち合わせ …………………………………………… 73
2　システム監査の実施 ………………………………………………………… 73
　2．1　開始ミーティング ……………………………………………………… 73
　2．2　調査の進め方 …………………………………………………………… 73
3　監査チーム内での検討と確認 ……………………………………………… 76
　3．1　チーム確認ミーティングの実施 ……………………………………… 76
　3．2　終了ミーティングの実施 ……………………………………………… 77
4　システム監査結果のまとめ ………………………………………………… 77
　4．1　監査チーム内での検討と評価（要改善事項等の整理）…………… 77
　4．2　システム監査結果報告書の作成と報告 ……………………………… 77
　4．3　監査チームの反省会の開催 …………………………………………… 78

第9章　システム監査のフォローアップの段階 ……………………………… 79

1　監査実施結果報告の確認と監査実施結果の通知 ………………………… 80
2　改善の実施 …………………………………………………………………… 80
3　改善結果の確認とフォローアップ ………………………………………… 80

	4	システム監査総括報告書の作成	81
	5	反省会の実施	82

第10章　システム監査結果の反映とシステムの見直し …… 86

	1	事業者への報告	86
	2	安全衛生委員会への報告	86
	3	監査結果の周知	87
	4	安全衛生目標、安全衛生計画への反映	87
	5	事業者によるマネジメントシステムの見直し	87

付　録

	1	PDCAを適切にまわすためのポイント	91
	2	令和元年厚生労働省告示第54号「労働安全衛生マネジメントシステムに関する指針」	100
	3	システム監査担当者（製造業等）研修実施要領	111

第1部
総　論

第1章　労働安全衛生マネジメントシステムの概要

1　労働安全衛生マネジメントシステムとは

1.1　労働安全衛生マネジメントシステムの必要性

　労働安全衛生マネジメントシステムは、事業者が労働者の協力の下に、「計画―実施―評価―改善（以下「PDCA」という。）」という一連の過程を定めて、継続的に行う自主的な安全衛生管理の活動を促進することにより、事業場における労働災害の潜在的な危険性を低減するとともに、労働者の健康の増進及び快適な職場環境の形成の促進を図り、事業場における安全衛生水準の向上に資することを目的とした新しい安全衛生管理の仕組みである。

　こうした新しい安全衛生管理が必要とされる背景には、労働災害の減少率に鈍化が見られる中で、安全衛生管理のノウハウを蓄積したベテランの担当者が定年等により退職することなどにより、事業場において安全衛生管理のノウハウが十分に継承されず、その結果、事業場の安全衛生水準が低下し、労働災害の発生につながるのではないかという危惧がある。

　このような中で、今後、労働災害の一層の減少を図っていくためには、事業場においてPDCAという一連の過程を定めて、組織的かつ継続的に実施する安全衛生管理に関する仕組みを確立し、生産管理等事業実施に係る管理に関する仕組みと一体となって適切に実施され、運用されることが重要である。

(1)　潜在的な危険性又は有害性の存在

　製造業では、近年の労働災害の発生状況は度数率が1.0程度になっている。これは、労働者500人の事業場で1年間に1件程度の労働災害が発生していることを表している。しかし、このことは必ずしも事業場における安全衛生水準が満足できるものになったことを意味するわけではない。厚生労働省の「平成27年労働安全衛生調査（実態調査）」では、労働災害には至らなかったがヒヤリ・ハットを過去1年間に体験した労働者の割合が全産業では37.8％であり、製造業では調査した労働者の46.9％がヒヤリ・ハットを体験していることが判明した。

　今日、事業場の安全衛生水準は昭和30年代、40年代の水準と比較すれば相当のレベルアップが図られたとはいえ、潜在的な危険性又は有害性は事業場の中で数多く存在しており、その中には技術革新等に伴って新しく生じたものもある。これらが積み重なって、何年かに1回の割合で大きな労働災害、悪くすると死亡災害の発生につながっているとみられる。

⑵ 安全衛生ノウハウの継承困難

　事業場では、安全衛生パトロール、ヒヤリ・ハット報告、危険予知活動など、さまざまな安全衛生活動により、職場に密着した労働災害防止活動が進められてきている。しかし、従来これらの活動を組織的かつ継続的に改善し、維持していくためのシステムが不十分であったため、その時その場の対策で終わってしまっていたことも否めない実態であった。また、職場の管理者が熱心である場合は的確な安全衛生対策がなされるが、管理者の安全衛生への関心が低かったり、安全衛生の経験がない管理者が配置された場合、これまでの安全衛生対策が継続されなくなるという面がある。労働災害が最も多発していた昭和30年代、40年代を経験した労働者、安全衛生担当者が定年等により職場を離れる時代を迎えていることから、これらの労働者、担当者の有する貴重なノウハウを組織的に引き継いでいくための取組みが急務となっている。

1.2　労働安全衛生マネジメントシステムの基本的考え方

　厚生労働省では平成10年に「労働安全衛生管理システム検討会」を設置し、労働安全衛生マネジメントシステムを導入することの意義、その基本的考え方、その内容等について、8項目にまとめている。

　①　労働災害の防止を目的とし、安全衛生水準の向上を図るために導入するものであって、具体的な安全衛生対策をより効果的かつ効率的に実施するためのものとする。

　②　現行の労働安全衛生法等を前提とし、これまでの労働安全衛生法を中心にした体系及び内容を変更しないものとする。

　③　事業者が安全衛生対策を自主的に行うための指針であって、強制的な指針ではないものとする。

　④　すべての規模の事業場、すべての業種の事業場を対象としたものとする。

　⑤　危険予知活動、ヒヤリ・ハット運動等、従来からの現場の安全衛生活動の積み重ねを尊重する考え方を盛り込んだものとする。

　⑥　労使の協議と協力による全員参加の理念を基本とし、その趣旨に反してまで導入されるものではない。このため、労働安全衛生マネジメントシステムの導入に当たっては、労働者の代表の意見を聞くものとする。

　⑦　労働安全衛生マネジメントシステムに関係する国際的な動向に適切に対応するとともに、我が国内外の既存の基準にも配慮したものとする。

　⑧　安全衛生対策の実施事項の特定について、健康管理等も実施事項の対象となる。

　これらを踏まえて「労働安全衛生マネジメントシステムに関する指針」（平成11年4月30日労働省告示第53号）が制定されたが、その後、平成13年にILO（国際労働機関）において国際規格である労働安全衛生マネジメントシステムガイドラインが制定されたことから、平成18年にこのガイドラインとの整合性の観点から条文の構成などが見直さ

れ、平成18年3月10日に厚生労働省告示第113号により同指針の一部改正がなされた。

さらに令和元年7月1日に厚生労働省告示第54号により同指針の一部改正がなされた。この改正は、ISO（JIS Q）45001及びJIS Q 45100などの新たなOSHMS規格の制定や健康確保の取組みへの関心の高まりといった国内外の安全衛生に関する状況の変化に対応するものである。

1.3　労働安全衛生マネジメントシステムの特徴

労働安全衛生マネジメントシステムは、以下の4つの特徴を持っている。
  ⑴　PDCAサイクル構造の自律的システム
  ⑵　手順化、明文化及び記録化
  ⑶　危険性又は有害性等の調査及びその結果に基づく措置
  ⑷　全社的な推進体制

⑴　PDCAサイクルの自律的システム

労働安全衛生マネジメントシステムは、「計画―実施―評価―改善」といった連続的な安全衛生管理を継続的に実施する仕組みに基づき、安全衛生計画の適切な実施、運用がなされることが基本となっている。これに加えて従来の安全衛生管理ではなじみが薄いシステム監査によるチェック機能が働くことによって労働安全衛生マネジメントシステムが効果的に運用されれば、安全衛生目標の達成を通じ、事業場の安全衛生水準がスパイラル状に向上することが期待される。

⑵　手順化、明文化及び記録化

労働安全衛生マネジメントシステムを適正に運用していくためには、事業場において関係者の役割、責任及び権限を明確にする必要がある。

労働安全衛生マネジメントシステムに関する指針（以下「マネジメントシステム指針」という。）第8条（第2節参照）では、次に示す項目を文書により定めることになっている。これらは、安全衛生管理のノウハウが適切に継承されることに役立つもので、手順を重視する労働安全衛生マネジメントシステムの特徴である。
  ①　安全衛生方針
  ②　労働安全衛生マネジメントシステムに従って行う措置の実施の単位
  ③　システム各級管理者の役割、責任及び権限
  ④　安全衛生目標
  ⑤　安全衛生計画
  ⑥　各種手順（危険性又は有害性等を調査する手順等9つの手順）
さらに、労働安全衛生マネジメントシステムの実施、運用に関し必要な事項を記録し

ておくことも重要であり、マネジメントシステム指針において定められている。

(3) 危険性又は有害性等の調査及びその結果に基づく措置

マネジメントシステム指針第10条においては、「労働安全衛生法第28条の２第２項に基づく指針及び法第57条の３第３項に基づく指針に従って危険性又は有害性等を調査する手順を定めるとともに、この手順に基づき調査を行うこと、調査の結果に基づき労働者の危険又は健康障害を防止するために必要な措置を行う手順を定め、この手順に従い実施する措置を決定する」こととされている。これはリスクアセスメントの実施とその結果に基づく必要な措置の実施を求めているものである。

(4) 全社的な推進体制

労働安全衛生マネジメントシステムでは、事業者によって安全衛生方針の表明がなされる。また、職場ごとに労働安全衛生マネジメントシステムを担当する者と、その役割、責任及び権限が定められ、労働安全衛生マネジメントシステムを適正に運用する体制が整備される。さらに、事業者により定期的に労働安全衛生マネジメントシステムの見直しがなされる。このようにして、安全衛生を経営と一体化して推進する仕組みが組み込まれ、トップの指揮のもとに全社的に安全衛生が推進されるものとなっている。

1.4　労働安全衛生マネジメントシステムの有効性とその効果

労働安全衛生マネジメントシステムは、事業場が抱える危険性又は有害性を低減させ、安全衛生管理を経営と一体化させ、安全衛生管理のノウハウを適切に継承し、その効果的かつ継続的な実施を可能とする仕組みである。これを効果的に運用することにより、労働災害のさらなる減少、そして安全衛生水準の一層の向上が実現できるのである（図１）。

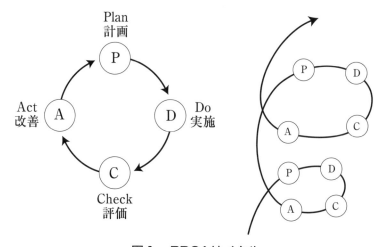

図１　PDCAサイクル

なお、厚生労働省が平成16年2月に発表した「大規模製造業における安全管理体制等に係る自主点検(都道府県労働局を通じ原則労働者500人以上の約2,000の事業場が対象)」によると、労働安全衛生マネジメントシステムを運用、構築中、あるいは、設備・作業のリスク評価を実施している事業場は、これらの取組みを実施していない事業場に比べて、災害発生率(年千人率)が3割以上低いという結果が出ている(図2)。

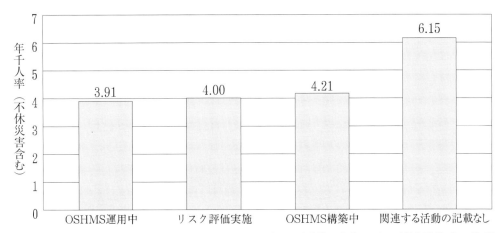

図2　労働安全衛生マネジメントシステムに関連する活動の有無による災害発生率の比較

2　労働安全衛生マネジメントシステムに関する指針

2.1　労働安全衛生マネジメントシステムに関する指針の概要

このような状況を踏まえ、厚生労働省(制定当時は労働省)が公表した「労働安全衛生マネジメントシステムに関する指針」は、事業者が事業場において労働安全衛生マネジメントシステムを確立しようとする際に必要とされる基本的事項を定め、事業者が労働者の協力の下に行う自主的な安全衛生活動を促進し、事業場における安全衛生水準の向上に資することを目的としている。

なお、このマネジメントシステム指針の構成は次のとおりである(図3)。

① 安全衛生方針を表明する(第5条)。
② 機械、設備、化学物質等の危険性又は有害性等を調査し、その結果に基づき、それを除去又は低減するための実施事項を決定する。併せて、労働安全衛生関係法令等に基づき実施事項を決定する(第10条)。
③ 安全衛生方針に基づき、安全衛生目標を設定する(第11条)。
④ ②の実施事項と③の安全衛生目標等に基づき、安全衛生計画を作成する(第12条)。
⑤ 安全衛生計画を実施する(第13条)。

⑥ 安全衛生計画の実施状況等の日常的な点検及び改善を行う（第15条）。
⑦ 定期的に労働安全衛生マネジメントシステムについてシステム監査を行い、点検及び改善を行う（第17条）。
⑧ 定期的に労働安全衛生マネジメントシステムの見直しを行う（第18条）。
⑨ ①〜⑧を繰り返して、継続的に実施する（PDCAサイクル）。
また、PDCAという一連の過程を定めて、継続的に実施するためには、
① 労働安全衛生マネジメントシステムに必要な要件を手順化、明文化及び記録化する（第8条、第9条）。
② システム各級管理者の指名等の体制の整備を行う（第7条）。
③ 安全衛生計画の作成、実施、評価及び改善に当たり労働者の意見を反映する（第6条）。
こととなっている。

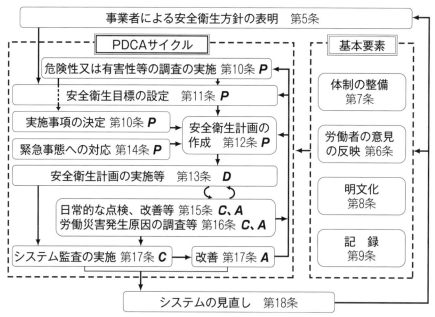

図3　労働安全衛生マネジメントシステムに関する指針の概要

２．２　労働安全衛生マネジメントシステムに関する指針の根拠法令

労働安全衛生規則
　第８節の２　自主的活動の促進のための指針
第24条の２　厚生労働大臣は、事業場における安全衛生の水準の向上を図ることを
　　目的として事業者が一連の過程を定めて行う次に掲げる自主的活動を促進するた
　　め必要な指針を公表することができる。
　　１　安全衛生に関する方針の表明
　　２　法第28条の２第１項又は第57条の３第１項及び第２項の危険性又は有害性等
　　　の調査及びその結果に基づき講ずる措置
　　３　安全衛生に関する目標の設定
　　４　安全衛生に関する計画の作成、実施、評価及び改善

　平成11年３月30日に労働安全衛生規則が改正され、第８節の次に「第８節の２　自主的活動の促進のための指針」が設けられ、第24条の２が追加された。さらに、同条を根拠として「労働安全衛生マネジメントシステムに関する指針」が平成11年４月30日に労働省告示第53号として公表された。同指針は平成18年の労働安全衛生法の改正によりリスクアセスメントの実施が努力義務化されたこと等により見直しが行われ、平成18年３月10日に厚生労働省告示第113号として公表された。また、平成18年３月17日付け基発第0317007号の解釈通達で、同指針の周知、運用に関しての留意事項が示されている（100頁の付録２参照）。

　さらに、同指針は、ISO（JIS Q）45001およびJIS Q 45100などの新たなOSHMS規格の制定や健康確保への関心の高まりといった国内外の安全衛生に関する状況の変化に対応するため見直しが行われ、令和元年７月１日に厚生労働省告示第54号として公表された。また、令和元年７月１日付け基発0701第３号の解釈通達で同指針の運用に関しての留意事項が示されている（100頁の付録２参照）。

２．３　労働安全衛生マネジメントシステムに関する指針の目的

（目的）
第１条　この指針は、事業者が労働者の協力の下に一連の過程を定めて継続的に行
　　う自主的な安全衛生活動を促進することにより、労働災害の防止を図るととも
　　に、労働者の健康の増進及び快適な職場環境の形成の促進を図り、もって事業場
　　における安全衛生の水準の向上に資することを目的とする。

（解説）
　本条は、マネジメントシステム指針の目的を規定したものである。

マネジメントシステム指針は、事業者が事業場において労働安全衛生マネジメントシステムを確立しようとする際に必要とされる基本的事項を定め、事業者が労働者の協力の下に行う自主的な安全衛生活動を促進し、事業場における安全衛生水準の向上に資することを目的としている。

なお、基本的事項とは、次のとおりである。

［基本的事項］
① 労働者の協力の下……………………労働者の理解と協力を得て推進
② 一連の過程を定めて継続的に行う……PDCAの繰り返し
③ 自主的な安全衛生活動………………自ら運用し、自ら改善する活動
④ 労働災害の防止を図る………………リスクの除去・低減が活動の柱
⑤ 安全衛生水準の向上…………………システムの有効性を追求

２.４　労働安全衛生マネジメントシステムに関する指針の性格

第２条　この指針は、労働安全衛生法（昭和47年法律第57号。以下「法」という。）の規定に基づき機械、設備、化学物質等による危険又は健康障害を防止するため事業者が講ずべき具体的な措置を定めるものではない。

（通達）

第２条関係
（平成18年３月17日付け基発第0317007号）
　指針は、事業者が講ずべき機械、設備、化学物質等についての具体的な措置を定めるものではなく、安全衛生管理に関する仕組みを示すものであること。

（解説）

マネジメントシステム指針は、自主的に安全衛生管理を進めるための仕組みを示したものであり、具体的な措置を求めるものでないことを明記したものである。

なお、機械、設備、化学物質等による危険又は健康障害を防止するため事業者が講ずべき具体的な措置とは、例えば、「機械の原動機、回転軸、歯車等の労働者に危険を及ぼすおそれのある部分には、覆い、囲い等を設けなければならない。」や「屋内作業場等において、有機溶剤業務労働者を従事させるときは、当該作業場所に局所排気装置等を設けなければならない。」等の定めをいう。

第1章　労働安全衛生マネジメントシステムの概要

2.5　労働安全衛生マネジメントシステムに関する指針における主な用語の定義

（定義）

第3条　この指針において次の各号に掲げる用語の意義は、それぞれ当該各号に定めるところによる。

1　労働安全衛生マネジメントシステム　事業場において、次に掲げる事項を体系的かつ継続的に実施する安全衛生管理に係る一連の自主的活動に関する仕組みであって、生産管理等事業実施に係る管理と一体となって運用されるものをいう。

イ　安全衛生に関する方針（以下「安全衛生方針」という。）の表明

ロ　危険性又は有害性等の調査及びその結果に基づき講ずる措置

ハ　安全衛生に関する目標（以下「安全衛生目標」という。）の設定

ニ　安全衛生に関する計画（以下「安全衛生計画」という。）の作成、実施、評価及び改善

2　システム監査　労働安全衛生マネジメントシステムに従って行う措置が適切に実施されているかどうかについて、安全衛生計画の期間を考慮して事業者が行う調査及び評価をいう。

（解説）

　これまでの労働安全衛生関係法令に基づく具体的な安全衛生対策とは異なる新しい仕組みであるため、これまでに法令等で使われていなかった用語について定義している。

第1号　労働安全衛生マネジメントシステム

　PDCAをまわす仕組みとして定義している。事業者が事業を展開する上で生産管理などほかの事業実施に係る管理と一体となって実施、運用されるべきものとしている。

イ　安全衛生方針

　安全衛生方針は事業者が自らの安全衛生に関する基本的な考え方（理念）や重点課題を表明するもので、安全衛生目標を設定する際の基となるほか、労働安全衛生マネジメントシステム全体を支える基礎となるものである。

ロ　危険性又は有害性等の調査及びその結果に基づき講ずる措置

　リスクアセスメントの実施に関する規定であり、労働安全衛生法第28条の2第2項の規定に基づいて定められた『危険性又は有害性等の調査等に関する指針』及び労働安全衛生法第57条の3第3項の規定に基づいて定められた『化学物質等による危険性

19

又は有害性等の調査等に関する指針』において、それぞれの指針の「1　趣旨等」に『本指針は、「労働安全衛生マネジメントシステムに関する指針」（平成11年労働省告示第53号）に定める危険性又は有害性等の調査及び実施事項の特定の具体的実施事項としても位置付けられるものである。』とされている。

ハ　安全衛生目標

労働安全衛生マネジメントシステムは事業者をはじめ管理者自らが目標を設定して、それに向かって取り組むものであり、この目標は設定期間中の到達点をあらわしている。実際にどの程度達成したのかという評価を容易にするために、できるだけ数値化することが必要である。

ニ　安全衛生計画

安全衛生目標を達成するための具体的な実施事項と、日程、担当等を定めたものである。安全衛生計画は事業場レベルの年間計画が基本的であるが、事業場の規模等を勘案し、必要に応じて、部門の計画、職場の計画などをあわせて作成することも有効である。また、年間計画のほかに、中長期的な計画を作成することもある。

第2号　システム監査

労働安全衛生マネジメントシステムに従って行う措置が適切に実施されているかをチェックする監査をいう。この監査は、事業場内部の者が行うことが望ましい。

2.6　労働安全衛生マネジメントシステムに関する指針の適用

（適用）
第4条　労働安全衛生マネジメントシステムに従って行う措置は、事業場又は法人が同一である二以上の事業場を一の単位として実施することを基本とする。ただし、建設業に属する事業の仕事を行う事業者については、当該仕事の請負契約を締結している事業場及び当該事業場において締結した請負契約に係る仕事を行う事業場を併せて一の単位として実施することを基本とする。

（通達）

第4条（適用）関係
（平成18年3月17日付け基発第0317007号）
　(1)　指針は、事業場を一の単位として実施することを基本とするが、建設業にあっては、有期事業の事業場ではシステムに従って行う措置を継続的に実施

し、安全衛生水準を段階的に向上させることが困難であることから、店社及び
当該店社が締結した契約の仕事を行う事業場を単位として実施することを基本
としたこと。

(2) 事業者は、指針を踏まえ、業種、業態、規模等に応じたシステムを定めるこ
とができること。

（令和元年 7 月 1 日付け基発0701第 3 号）

システムに従って行う措置を実施する単位として、小売業や飲食業といった第
三次産業などの多店舗展開型企業をはじめとする様々な業態・形態において導入
されることを想定し、法人が同一である複数の事業場を併せて一の単位とするこ
とができることとしたこと。

（解説）

従前の指針では、事業場ごとに労働安全衛生マネジメントシステムを運用することを
基本としていたが、令和元年 7 月の改正により、法人が同一である複数の事業場を一つ
の単位として実施できるように改められた。

これは、小売業や飲食業のような多店舗型企業では店舗単位でシステムを運用するの
は困難であり、本社が定めたシステムを各店舗が運用する方が実際的であるという背景
がある。このように改正された指針は第 三 次産業でも導入しやすいものとなっている。
また、平成30年に発行された労働安全衛生マネジメントシステムの国際規格であるISO
（JIS Q）45001においても、システムの実施単位である「組織」の概念に、企業、その
一部又はそれらの組合せが含まれることが示されており、今回の改正はこのような国際
的な動きにも配慮したものとなっている。

なお、上記の概念は、あくまでもシステム運用上に限ったものであって、安全衛生法
令等の法的要求事項については、従来同様、それぞれの事業場に要求される事項を遵守
することに何ら変わりはない。

一般に建設業にあっては、受注生産であり、工事が終了した場合にはその事業場（現
場）自体が消滅するという有期事業であることから、その事業場で労働安全衛生マネジ
メントシステムを運用した結果を継続的に翌年の運営に反映させ、スパイラルアップを
図っていくという取組み自体が不可能である。このため、建設業にあっては、継続的に
存続している店社を事業場として実施することが基本とされている。

第2章 システム監査の目的と意義

1 システム監査の目的等

1.1 労働安全衛生マネジメントシステムにおける調査、評価及び改善

　労働安全衛生マネジメントシステム導入以前の安全衛生管理においては、取り組んでいる安全衛生活動が安全衛生水準の向上に役立っているのか確認しないまま、同じことを毎年繰り返しているという傾向が見られた。

　労働安全衛生マネジメントシステムには、C（評価）、A（改善）の手段として、以下の3つが組み込まれていて、従来の安全衛生管理ではありがちであった「やりっ放し」をなくすようにできている。したがって、このCAを活用することが、安全衛生水準の向上に向けた取組みの出発点となる。

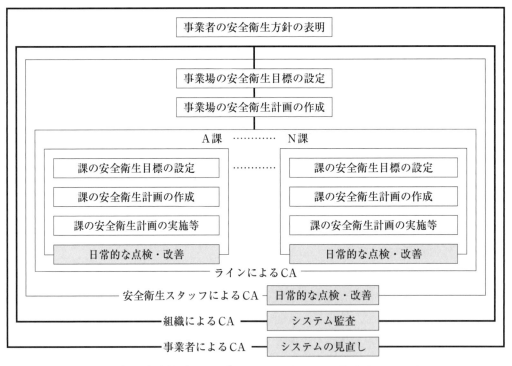

図4　労働安全衛生マネジメントシステムにおける3つのCA

図4に示した3つのCAに関するマネジメント指針の条文を順に解説する。

（日常的な点検、改善等）

第15条 事業者は、安全衛生計画の実施状況等の日常的な点検及び改善を実施する手順を定めるとともに、この手順に基づき、安全衛生計画の実施状況等の日常的な点検及び改善を実施するものとする。

② 事業者は、次回の安全衛生計画を作成するに当たって、前項の日常的な点検及び改善並びに次条の調査等の結果を反映するものとする。

そのうちの1つが、指針第15条の「日常的な点検、改善等」である。これは、安全衛生計画が着実に実施されているかどうか、安全衛生目標は着実に達成されつつあるかどうか等について点検を行うことをいい、点検により問題点が発見された場合は、その原因を調査することをいう。また問題点の解決のための改善も実施する必要がある。なお、この「日常的な点検」は、必ずしも毎日実施する必要はなく、計画期間中の節目節目で実施することとして差し支えないが、定期的に実施することが重要である。

この条文の趣旨は、安全衛生目標及び安全衛生計画に関する活動状況を実施責任者自ら点検等を行うもので、自己点検、自己評価を目的としたものであり、「当事者による点検」といえる。

なお、安全衛生関係法令や事業場安全衛生規程等に基づき実施すべき事項の点検については、本来、労働安全衛生マネジメントシステムを導入していることとは関係なく、点検されるべき性質のものであることから、安全衛生計画に盛り込まれているか否かにかかわらず、定められた期間ごとにあるいは自ら定めた期間ごとに実施されるものである。

（システム監査）

第17条 事業者は、定期的なシステム監査の計画を作成し、第5条から前条までに規定する事項についてシステム監査を適切に実施する手順を定めるとともに、この手順に基づき、システム監査を適切に実施するものとする。

② 事業者は、前項のシステム監査の結果、必要があると認めるときは、労働安全衛生マネジメントシステムに従って行う措置の実施について改善を行うものとする。

2つ目が指針第17条の「システム監査」である。これは、事業場の労働安全衛生マネジメントシステムが適切に実施、運用されているかを、調査、評価し、問題があれば改善することを目的にしたものである。

システム監査を実施する者を教育し、力量あるシステム監査者を養成し、そのシステム監査者が、定期的に安全衛生の状況を公正に調査、評価し、改善に結びつけていくと

いう体系的、組織的な取組みは、これまでにない新たな仕組みである。

　システム監査は、安全衛生担当部門が中心となって監査計画を作成し、安全衛生計画の期間中に少なくとも1回、安全衛生計画の期間が1年を超える場合は年に1回行うほか、必要に応じて追加で実施する。監査においては、文書や記録を調査するだけではなく、システム各級管理者との面談や作業場等の視察を行い、手順書等で決められたことや職場で決めたことが実施されているかを評価することにより、職場の安全衛生上の問題点の発見とその改善を行うことになる。

（労働安全衛生マネジメントシステムの見直し）

第18条　事業者は、前条第1項のシステム監査の結果を踏まえ、定期的に、労働安全衛生マネジメントシステムの妥当性及び有効性を確保するため、安全衛生方針の見直し、この指針に基づき定められた手順の見直し等労働安全衛生マネジメントシステムの全般的な見直しを行うものとする。

　3つ目は、指針第18条の「労働安全衛生マネジメントシステムの見直し」で、事業者が自らシステム監査の結果、安全衛生水準の向上の状況及び社会情勢の変化等を考慮して労働安全衛生マネジメントシステムの実態を評価し、問題があれば改善するものである。

　ここで、労働安全衛生マネジメントシステムの妥当性、有効性について説明する。一般に、「妥当性」とは、「良く当てはまること。適切であること」である。すなわち、ある期間運用した労働安全衛生マネジメントシステムの重点課題、リスク管理のプロセス、投入した経営資源（人、物、金）等が事業場の規模、社会的地位、社会情勢の変化等に適切であるかという観点で確認する。そのためには、事業者の安全衛生方針が時代のニーズを反映したものであることが重要となる。また、導入した労働安全衛生マネジメントシステムが事業場の状況に適った規模・形態等になっているかについても考慮する必要がある。

　また、「有効性」とは、「効き目のあること。効力のあること。役に立つこと」である。すなわち、労働安全衛生マネジメントシステムの有効性は、事業者の方針を実現するために設定した目標が達成され、事業場の安全衛生水準が向上しているかという観点で確認する。そのためには、設定した目標の達成度が全員に理解できるように示されていることが重要である。

1.2 システム監査とは（定義）

システム監査は、指針第3条の定義に次のように示されている。

（定義）

第3条 第1項第1号 略

2 システム監査 労働安全衛生マネジメントシステムに従って行う措置が適切に実施されているかどうかについて、安全衛生計画の期間を考慮して事業者が行う調査及び評価をいう。

また、指針第17条には、システム監査の進め方が次のように示されている。

（システム監査）

第17条 事業者は、定期的なシステム監査の計画を作成し、第5条から前条までに規定する事項についてシステム監査を適切に実施する手順を定めるとともに、この手順に基づき、システム監査を適切に実施するものとする。

② 事業者は、前項のシステム監査の結果、必要があると認めるときは、労働安全衛生マネジメントシステムに従って行う措置の実施について改善を行うものとする。

以上から、システム監査とは、

① 事業場の労働安全衛生マネジメントシステムが、適切に運用されているか、

② システム監査の手順書を作成し、

③ それに従って、システム監査計画を作成し、

④ 計画に基づき調査、評価を実施し、

⑤ 労働安全衛生マネジメントシステムの運用上で問題があれば、必要に応じて改善する

ことで、安全衛生水準の向上に結びつけようというものである。

　安全衛生管理や安全衛生に関する諸活動の水準を向上させるためには、定期的にその現状を調査、評価し、明らかになった問題点を改善するという仕組みが欠かせない。そのため、マネジメントシステム指針には、労働安全衛生マネジメントシステムやその取組みの現状を調査、評価し、改善するというシステム監査の条文が設けられている。このことにより、適切に労働安全衛生マネジメントシステムを運用した場合には、安全衛生水準の向上が期待できる。

　以上のことからシステム監査は、労働安全衛生マネジメントシステムにより安全衛生水準をスパイラルアップさせていくという流れにおいては重要な要素であることがわかる。

1.3　システム監査の目的

　システム監査は、事業場において実施、運用中の労働安全衛生マネジメントシステムについて、次の役割を担っている。

①　安全衛生の水準の向上を実現する労働安全衛生マネジメントシステムとするために、実施状況を体系的、組織的に調査、評価し、問題点を改善する。

②　事業者の労働安全衛生マネジメントシステムの見直しのために、労働安全衛生マネジメントシステムの妥当性、有効性の判断材料を提供する。

③　調査、評価を通じて、明らかになった安全衛生上の問題点を改善することや、好事例の収集やその水平展開を図ることにより、職場の安全衛生管理水準を向上させる。

1.4　システム監査の効果

　従来、システム監査に似た取組みとして事業場で実施されているものとしては、安全衛生担当部門による安全衛生パトロール、安全衛生委員会による職場巡視や本社による安全衛生監査などがある。これらは多くの場合、次年度の安全衛生方針、目標や安全衛生計画を実効あるものにするために行われるものであるが、実施状況の確認だけで、仕組みを改善するという観点を欠いていることが多かった。システム監査は、従来のこのような取組みの状況を踏まえた上で、その不十分な対応を体系的、組織的に修正して、OSHMSを有効に機能させるためのものである。また、トップから管理監督者はもとより、進め方によっては、作業者も関与する場合もあることから、システム監査の実施や結果は、事業場の全員に大きな刺激や影響を与えることができ、安全衛生水準の向上に貢献するものである。

1.5　内部の者が行う監査と外部の者が行う監査

　労働安全衛生マネジメントシステムにおけるシステム監査は、内部監査、つまり事業場内部の者、例えば、安全衛生スタッフや管理者が実施することが基本であるが、本社や他の事業場の者など企業内部の者が行ってもよい。一方、事業場内部、企業内部に適任者がいない場合には、外部の者を活用することになる。

(1)　内部の者が行う監査

①　特徴

ア　職場の風土等も含めて、内部の事情を知った者が行うので、実態に合った評価ができる。

イ　事業場の規程類に精通しているので、それらと実態との乖離を具体的に見つけだせる。

ウ　監査テーマを特定して、実態を詳しく調査、評価できる。

エ　必要に応じて年2回実施するなど、課題に応じた計画を立て実施できる。

オ　組織や製造方法に精通した者が行うので、具体的指摘、アドバイスができる。

② 問題点

ア　画一的な見方になりがちである。

イ　馴れ合い、遠慮が出てうわべだけのシステム監査になることがある。

ウ　改善が指摘されても実現されずに終わることがある。

エ　不慣れな監査者が実施する場合もある。

(2)　外部の者が行う監査

① 特徴

ア　内部の者が行う監査と違い内部事情には詳しくない者が行うので、具体的な事項については指摘が少ない。

イ　外部の監査者が行うので、指摘事項はトップへの影響が大きい。

ウ　労働安全衛生マネジメントシステム全般についての問題点が指摘される。

エ　専門家が行うので、労働安全衛生マネジメントシステムや安全衛生方針の社会的妥当性などについて指摘できる。

オ　新たな視点から指摘が伝えられる。

カ　他企業・他業種との比較ができる。

② 問題点

ア　内部の事情に詳しくないので、実態に合わない指摘になることがある。

イ　日常的に現場に接してないので、個別のテーマに基づく監査が難しい。

ウ　事業場の規程類に精通していないので、それらと実態との乖離を見つけだすことが難しい。

エ　現場における個々の安全衛生問題に対するアドバイスができない。

　なお、ここでいう外部の者が行う監査は、認証機関等が行う評価基準への適合度の審査（第三者認証）とは異なるものであり、第三者認証をもってシステム監査にかえることはできない。

2　システム監査の基本

　マネジメントシステム指針におけるシステム監査は、自ら構築した労働安全衛生マネジメントシステムを対象として実施するためのものである。なお、そのマネジメントシステムと構築のために参考にした規格基準（例えば、厚生労働省の指針）との適合性の調査、評価とは異なるものである。

2.1 システム監査の実施者

システム監査には、次の立場の者や組織が実施する。

(1) システム事務局

システム監査の実施にあたっては個々の監督者、監査チームのほかに、事業場全体の監査計画の企画・立案・調整や個々の監査結果に存在する共通の問題の洗い出し、事業者への総括報告書の作成などを行うシステム事務局の存在が必要である。システム事務局は、安全衛生担当部門があればそこが担当する。また、システム事務局の具体的な業務については、第3章で解説する。

(2) システム監査者

システム監査者は、システム監査の実施を通じて被監査部門の労働安全衛生マネジメントシステムに基づく取組みの運用状況や職場の問題点を把握し、改善を促進させる。自らの労働安全衛生マネジメントシステムに関する知識、職場の改善の進め方等に関する知識が必要となることから、安全衛生部門の担当者や、現場の実態に精通している現場の管理者等が担当してもよい。しかし、システム監査者は公平かつ客観的な立場にある者であることが必要なことから、自分の所属する部門のシステム監査を行うことは適切でない。また、このような観点から事業場内部の者に限らず、外部の者が行うことも差し支えないものである。システム監査者は、監査を適正に行うことができるように、定められた教育を受け、必要な能力を身につける必要がある。なお、システム監査者は、他部門の安全衛生管理状況を詳しく調査することになるので、他部門の好事例の収集など自職場の改善のヒントを得ることができ、管理者にとっても有効な役割である。

(3) 被監査部門

被監査部門はシステム監査を通じて安全衛生上の問題点が把握され、改善に結びつけることになるので、被監査部門の責任ある者が対応し、実態を正直に示すことが重要になる。

2.2 システム監査で調査する内容とその方法

(1) 事業場の労働安全衛生マネジメントシステムの運用状況

システム監査では、労働安全衛生マネジメントシステムとして確立した、各種手順書、トップ・管理者等の役割などが、決められたとおりに実施されているかどうかを調査する。例えば、事業場や部門で作成した安全衛生計画のPDCAが適切にまわっているか、新たに導入した機械設備や原材料の危険性又は有害性の特定が手順書どおりに実施されているかなどである。労働安全衛生マネジメントシステムは、事業場でこれまで

第2章　システム監査の目的と意義

培ってきた安全衛生管理をベースに手順化、明文化しないと、実態とかけ離れたものができあがるばかりでなく、その運用による成果もあまり期待できないことになる。その事業場の風土、文化に根ざした、これまでつくりあげてきた安全衛生管理の内容が労働安全衛生マネジメントシステムに盛り込まれていることが重要である。

⑵　安全衛生活動の仕組みの整備とその運用状況

被監査部門で実行されている、

①　危険予知（KY）活動などの日常職場活動

②　機械設備や化学物質の管理状況

③　安全衛生に関する職場会議の状況

などの安全衛生活動の内容を調査する。ところで、仕組みの整備においては、事業場や職場で行われている全ての安全衛生活動を手順書等で労働安全衛生マネジメントシステムに最初から組み込むことは困難である。多くの場合、手順書等には厚生労働省の指針が求めている基本的な事項から順に組み込んでいくことになるため、労働災害防止に具体的に貢献してきた取組みが、⑴のシステム監査で、漏れなく調査、評価できるかというと、全てについて実施することは難しい。

その際、さまざまな安全衛生活動の継続性や技能の伝承性を確保するために、実施の流れや管理監督者の役割などを手順化し、明文化されているかを調査、評価するのは当然である。また、手順化、明文化されていない場合でも、実際どのように実行されているか等についても調査し、改善につなげていく必要がある。

⑶　システム監査の調査の方法

①　チェックリストの活用

システム監査は、文書や記録を確認したり、作業場を視察して調査することになる。そのため、あらかじめ調査テーマを決め、テーマの問題点を探ることができるチェックリストを作成し、漏れがないように調査することが重要である。

②　カメラ等の活用

現場の視察によって調査する場合には、デジタルカメラ等を活用し、事実を視覚的に記録し、問題点を被監査部門とともに共有できるようにする。

2.3　調査に基づく評価

労働安全衛生マネジメントシステムの運用状況について、主にチェックリストを使って現状を調査したあとは、あらかじめ決めてある評価基準に基づき評価することになる。評価基準は、例えば、①軽微、②中程度、③重要など数段階に区分して、どのような問題点、例えば、手順書どおりに実施していない、実施しているが記録として残して

いないなど、調査で把握された事実がどこに該当するのかわかるように、その内容を明記して作成する。評価の結果として記述する事項としては、

① 労働安全衛生マネジメントシステムの運用状況

② 安全衛生活動の仕組みの整備とその運用状況

③ 前回のシステム監査結果に基づく事項

がある。

２.４　システム監査の流れ

システム監査は、マネジメントシステム指針第17条にあるように、①システム監査の実施（第17条第１項）と②監査結果に基づく改善の実施（第17条第２項）で構成されているが、ここでは、実務上理解しやすいようにシステム監査の流れを示す（**表**１）。

なお、詳細については第３章以降で具体的に説明する。

表１　システム監査の流れ（例）

システム事務局	システム監査チーム
イ　計画段階（P）	
① システム事務局の設置 ② システム監査手順書の作成 ③ システム監査体制の整備 ④ システム監査者の教育 ⑤ システム監査者の選任 ⑥ システム監査（年間）計画の作成 ⑦ システム監査チームの編成 ⑧ チェックリストの整理、作成 ⑨ システム監査実施前の打ち合わせ	① チェックリストの整理、作成 ② システム監査実行計画の作成、通知
ロ　実施段階（D）	
⑩ 監査結果報告の確認 ⑪ 結果報告に基づく改善の通知 ⑫ 実施した改善の確認 ⑬ フォローアップの実施 ⑭ システム監査総括報告書の作成 ⑮ 事例の周知、水平展開 ⑯ 事業者への報告 ⑰ 記録の保管	③ 被監査部門との事前打合せ ④ システム監査の実施 ⑤ システム監査結果報告書の作成 ⑥ フォローアップの実施
ハ　評価、改善（C、A）	
⑱ 反省会の実施 ⑲ 手順書の見直し	⑦ 反省会の実施

2.5　システム監査の手順書

　マネジメントシステム指針第17条第1項にあるように、システム監査は手順書を作成して実施することとなっている。手順書にどのような内容があればよいのかについては、第6章にその詳細を具体的に示す。最初から完成度の高い手順書の作成を目指すのではなく、まずは最低限必要なことを決めて明文化し、周知し、実施、運用するなかで、必要な事項が新たに生じれば、それをシステム事務局を中心にして検討し、手順書に加え、徐々に手順書を完成させていく考え方で差し支えない。

2.6　システム監査の記録

　システム監査を実施する過程でいくつかの文書や記録の作成が必要となる。例えば、システム監査計画、システム監査実行計画、システム監査結果報告書、改善報告書、チェックリスト等、システム監査に関する文書、記録類は多い。

　安全衛生のノウハウ伝承を確保するという観点からは、システム監査結果通知書、その改善報告書には、現場のさまざまなアイデアや知恵が記入されていることが多い。また、システム監査は、労働安全衛生マネジメントシステムの適切な運用に関する事項の調査であるから、当然、被監査部門だけにかかわることではなく、他部門においても役立つ情報が記入されていることが多い。そこで、それら記録の保管の仕組みを作り、事業場全体で情報が共有化できるようにし、効果的に活用することは重要なことである。

第2部
システム監査の
立上げ時の準備

第3章　システム監査の実施体制

　労働安全衛生マネジメントシステムの運用状況を調査し、評価するシステム監査が的確に実施できるようにするためには、実施体制づくり、システム監査方法の確立及びシステム監査を適正に実施することができるシステム監査者の養成等に取り組むことが必要である。

1　実施体制と役割

1.1　システム事務局の役割

　システム監査の体制づくり、システム監査方法の確立及びシステム監査者の養成等の計画的な整備はシステム事務局が担当するのが一般的である。システム監査の実施においてシステム事務局は、全体運営の調整を担当する。その際、必要に応じてシステム各級管理者に意見を求め、調整しながら進める必要があるため、システム監査におけるシステム事務局の役割、責任及び権限を明確にしておかなければならない。システム事務局は、システム監査の実施方法の手順化及び実施要領書（手引書）の作成、チェックリストの整備等、システム監査の実施方法の確立に努める必要がある。また、従来の安全衛生管理では一般にシステム監査は行われておらず、多くの事業場にとってシステム監査は新たな取組みになる。したがって、労働安全衛生マネジメントシステムの運用の初期の段階におけるシステム監査では、十分に経験を積んだ監査者を必要人数確保することは困難であるため、システム監査者の養成計画を作成することも大切である。

　システム事務局のシステム監査に関する主な役割としては、以下のことが挙げられる。

⑴　**システム監査の準備**

　①　システム監査（年間）計画を作成し、事業者の承認を得る。

　②　システム監査の実施にあたり、監査に必要な参考情報を収集する。その情報をシステム監査者に伝える。

　③　監査実施前にシステム監査者全員に対して、事前打ち合わせ（教育）を行う。

　④　チェックリストを作成、整理する。

⑵　**システム監査のフォローアップ**

　①　システム監査結果報告書の内容を確認する。

　②　システム事務局のコメントも加えシステム監査結果通知書として、被監査部門へ

指摘事項等も含めた監査結果を通知する。

③　被監査部門の改善事項の確認、フォローアップを実施する。必要に応じてシステム監査チームの協力を求める。

④　システム監査総括報告書の作成を行う（システム監査総括報告書とは、システム監査全体が終了した時点で、システム監査結果報告書の内容をシステム事務局がまとめたものである。）。

⑤　事業者へシステム監査総括報告書をもとに、システム監査の結果を報告する。

⑥　システム監査総括報告書を安全衛生委員会の場で報告する。

⑦　システム監査に係る記録の保管をする。

⑧　システム監査終了後に反省会を実施し、必要に応じてシステム監査実施方法の見直しを行う。

1.2　システム監査チームの役割

システム監査は公平性及び独立性を確保し、さらには監査事項内容の見落とし防止及び正確さを確保するために通常は監査チームを組んで行う。この場合、チームのリーダーの役割を担うのが主任システム監査者である。なお、被監査部門が多いところでは、監査チームを複数編成して進めることが必要である。その際、各システム監査者は、それぞれの所属部署を被監査部門としてシステム監査を行うことのないようにすることが重要である。システム監査チームの編成例を図5に示す。

システム監査は、さまざまな所属や立場の監査者により実施される。監査チームを編成する主任システム監査者及びシステム監査者の基本的な役割等について以下に説明する。

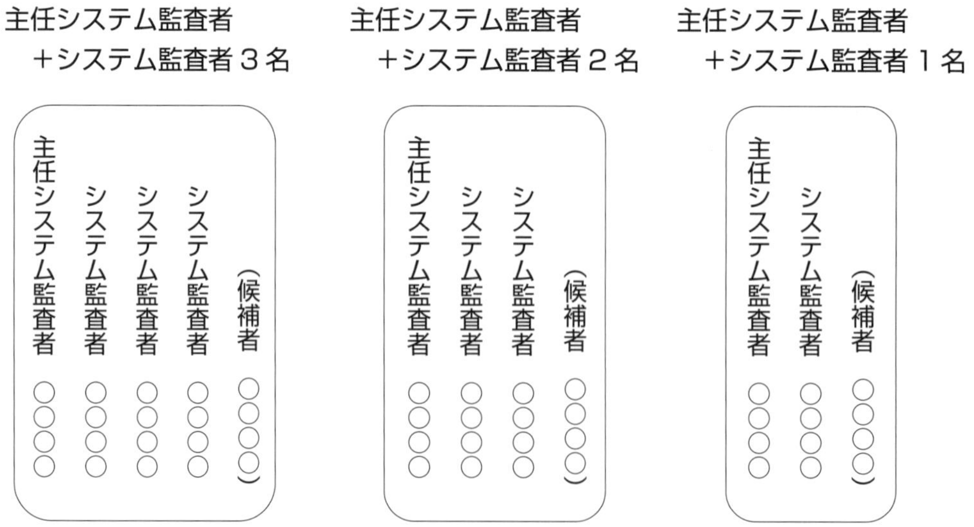

主任システム監査者
　＋システム監査者３名

主任システム監査者
　＋システム監査者２名

主任システム監査者
　＋システム監査者１名

図5　システム監査チームの編成例

⑴ 主任システム監査者

　主任システム監査者は、システム監査の準備段階から終了までの全監査過程において、システム監査チームのリーダーとなり、監査を実行する。

　主任システム監査者の主な役割は以下のとおりである。

① システム監査の実施にあたり、必要な参考情報をシステム事務局から入手するとともに自らも収集する。その情報をシステム監査者に提供する。

② システム監査実施におけるチームメンバーの役割、分担等を決定する。

③ システム監査実行計画を、システム事務局、被監査部門、システム監査チームメンバーと確認し調整を行い作成する。

④ システム監査実施手順をシステム監査メンバーと打ち合わせする。

⑤ 監査実施前に、被監査部門と当日の監査に関して事前打ち合わせを行う。

⑥ システム監査をシステム監査チームのリーダーとなり進める。

⑦ システム監査結果報告書をシステム監査者の協力を得て作成し、システム事務局に報告する。

⑧ システム監査者の候補者の実践教育（実地指導）をする。

⑨ システム監査チームの反省会を、必要に応じ実施する。

⑩ システム事務局から被監査部門の改善に関するフォローアップの協力要請があれば、システム事務局と協力して実施する。

⑪ システム監査終了後に、システム事務局が開催する反省会に参加する。

⑵ システム監査者の役割

　システム監査者は、監査チームのメンバーとして、主任システム監査者の指示に従い、主任システム監査者をサポートしながら監査を実行する。

　システム監査者の主な役割は以下のとおりである。

① システム事務局及び主任システム監査者から提供されたシステム監査に必要な情報を分析、理解し、監査を効率的に行えるようにする。

② システム監査を担当し実行する（複数班に分割して実施する場合はサブリーダーとしての役割を担う場合もある）。

③ システム監査終了時における所見を文書としてまとめる。

④ システム監査結果報告書作成の補助をする。

⑤ システム監査者の候補者の実践的な教育の補助をする。

⑥ システム監査チームの反省会に参加する。

1.3　被監査部門の役割

　システム監査は事業場の安全衛生水準の向上が目的である。そのためには被監査部門各々の安全衛生水準の向上が不可欠である。この目的を被監査部門の全員がよく理解していなければシステム監査の本来の目的を達成することは期待できない。労働者全員に労働安全衛生マネジメントシステムに関する教育を確実に実施することにより、労働安全衛生マネジメントシステム及びシステム監査の意義について労働者が十分理解していることが重要である。被監査部門は自部門の安全衛生水準を向上させるために実施されるというシステム監査の意義を十分に理解し、システム監査が効果ある活動になるように積極的に協力する姿勢で臨むことが必要である。

　被監査部門は、自部門の要是正、改善点等を指摘されることは避けたいと考えるのが一般的であり、必要な情報等の提供に消極的な姿勢になることも考えられるが、システム監査の意義をよく理解し、積極的に協力するよう努めることが望まれる。このため、被監査部門の責任者は自部門の関係者に監査目的を十分に説明し、システム監査には全員が積極的に協力するという雰囲気を醸成することも必要である。

　また、システム監査では、被監査部門の担当者が他部門のシステム監査者になることもあるので、互いに協力してシステム監査を効果あるものにするという姿勢が大切である。

　システム監査における被監査部門の主な役割として以下の事項が挙げられる。

①　監査の目的と監査実行計画（監査日時、内容等）を関係者全員に通知する。

②　監査チームから情報を求められたときには、進んで情報を提供する。

③　現場確認では、監査チームメンバーに対応できるように担当者を配置する。

④　監査に必要と思われる手順等規程類、記録等について準備しておく。

⑤　監査結果の通知を受けて、必要事項を関係者に伝達する。

⑥　指摘を受けた事項について改善を行い、システム事務局に報告する。

2　システム監査者の力量と養成

2.1　システム監査者の力量

⑴　主任システム監査者

　主任システム監査者は、安全衛生管理、労働安全衛生マネジメントシステム及びシステム監査に関する専門知識や実務経験等を有していることはもちろんであるが、特にシステム監査チームをまとめながらシステム監査者を指導する力量を備えていることが必要である。さらに事業場の安全衛生の状況等について良く理解し、周囲から信頼された者であることが望ましい。

第3章 システム監査の実施体制

⑵ **システム監査者**

　システム監査の目的を達成するためには、システム監査者はそのために必要な力量等を有している必要がある。システム監査者になる者は、外部のシステム監査者養成研修又は事業場内部の養成研修等を受講して、監査者としての必要な知識や技能等を身につけることとする。

　システム監査者に求められる知識、技能等としては以下のものが挙げられる。

①　事前の知識

　ア　安全衛生法令等の基礎知識

　イ　安全衛生管理の基礎知識

　ウ　安全衛生活動の種類とその具体的な進め方

　エ　事業場の安全衛生管理の現状

　オ　事業場の労働安全衛生マネジメントシステム

　　　・安全衛生方針、安全衛生目標、安全衛生計画

　　　・安全衛生計画の日常的な点検及び改善

　　　・リスクアセスメント

　　　・システム各級管理者の役割、責任及び権限

　　　・文書管理、記録保存及び緊急時への対応

　　　・システム監査

　カ　事業場の業務内容

　また、システム監査という重要な職務内容から、事業場内でシステム監査者を養成する場合には次のような資質に配慮が必要である。

②　システム監査者の資質

　ア　コミュニケーション力（ヒアリング力）

　イ　客観性、公平性、独立性

　ウ　冷静さ、忍耐強さ

　エ　文章力

2.2　システム監査者の養成

　労働安全衛生マネジメントシステムにおいて、継続的な改善を実現するためにシステム監査は重要な役割を担っている。労働安全衛生マネジメントシステムが運用され、継続的に安全衛生水準を向上していくためには、システム監査が適正に実施されることが重要なポイントとなる。そのため、システム事務局はシステム監査を適正に実施する体制を整えるとともに、システム監査者を計画的に養成することが必要である。

　また、システム監査者になることにより、従来に比べてシステム監査や労働安全衛生マネジメントシステム、ひいては労働安全衛生そのものに対する理解が深まるととも

に、安全衛生上の実践的な手法や知識もシステム監査を通じて得られるメリット等もある。このように、システム監査者を養成することは、事業場全体としては、将来的に効果がでることが期待されることを十分理解する必要がある。

そこで、システム事務局は安全衛生法令や安全衛生管理に関する基礎知識を有する者の中から、システム監査者を必要な研修等を受講させるなどして養成することになる。

⑴ 養成の方法

① 養成研修の受講（実施）

システム監査者を養成するための最も基本的な方法は、外部のシステム監査者養成研修又は事業場内部の養成研修等を受講して、監査者としての必要な知識や技能等を身につけることとする。

② 実践教育の計画的な実施

システム監査の養成研修だけで実務的な実践能力を全て得ようとするのは困難である。基本的な能力を身につけた上で、さらに実践能力を身につけるには、システム監査に参加させ、実際のシステム監査を体験しながら学ぶようにすることが有効である。実際のシステム監査チームにシステム監査者を参加させて実践教育を行い、計画的に養成していくようにする。

⑵ システム監査者の養成人数

労働安全衛生マネジメントシステムを適切に実施、運用していく上で、事業場内になるべく多くのシステム監査者を養成することが望まれる。何人程度必要かは、一概に定めることはできないが、事業場全体の規模、システム監査の実施体制、実施方法等を勘案の上、システム監査の円滑な実施に必要な人数を決め、人事異動、職場の配置替え、退職等による欠員等も考慮に入れながら、計画的に養成していく必要がある。

⑶ システム監査者名簿の作成、管理等

事業場ではシステム監査者名簿を作成し、常に最新の状態に維持管理し、システム監査が適切に実施できるようにしておく必要がある。

システム監査者名簿には、登録年月の他に所属部署、所属履歴、主任システム監査者の資格の有無、監査履歴等の関連事項も記載しておき、各システム監査者の監査担当部署等を決める際に役立てるようにする。

⑷ システム監査者の力量の向上

労働安全衛生マネジメントシステムが適切に運用されることにより、事業場の安全衛

生水準は向上し、それに伴い労働安全衛生マネジメントシステムに基づく取組み事項や労働安全衛生マネジメントシステムそのものも変化していく。また、社会が求める安全衛生管理の水準も年々変化する。そのため、システム監査を行う監査者の力量も養成当時のレベルを維持するだけでなく、向上させることが必要になる。

⑸　システム監査実施前の教育

　システム事務局は、監査を実施する前に監査者全員に対し、監査に関する事項について教育しておくと効果的に監査が実施できる。具体的には、システム監査のテーマ、労働災害発生状況、法令等の改正、事業場の労働安全衛生マネジメントシステムの最新の仕組み、事業者が表明した安全衛生方針、安全衛生目標の内容などについて、教育を行うとよい。

第4章　調査の内容と評価

　システム監査は、労働安全衛生マネジメントシステムが適切に運用されているかどうかを調査し、評価するものである。

　その具体的内容は厚生労働省の指針には示されていないが、システム監査における調査を通じて、事業場のマネジメントシステムの運用状況、各職場の安全衛生活動の実施状況及び安全衛生目標の達成状況に関する情報を把握し、分析した情報により労働安全衛生マネジメントシステムの妥当性及び有効性を評価し、最終的にはシステムの成果状況の評価や事業者によるシステムの見直しにつながっていくものである。

1　調査の観点

　システム監査においては、次のような観点で調査を行い、事業場のマネジメントシステムの運用状況、各職場の安全衛生活動の実施状況及び安全衛生目標の達成状況に関する情報を把握するようにする。

1.1　労働安全衛生マネジメントシステムの運用状況

　ここでは、事業場が整備・構築した労働安全衛生マネジメントシステムに関する事項について、実際の運用状況を調べる。

　事業場の労働安全衛生マネジメントシステムは、その事業場が従来より実施している安全衛生管理を基にし、これに厚生労働省の指針、業界団体のガイドラインの内容等を組み込み、事業場の実態に合わせた手順の作成をはじめ必要な規定等を整備したものである。

　システム監査では、事業場が構築した労働安全衛生マネジメントシステムの規程に沿って、実施すべき事項が適切に実施されているかどうかの調査を行う。

　例えば、ある事業場で、事業場としての安全衛生方針を表明するほかに、労働安全衛生マネジメントシステムの有効な運用のために、部門ごとに安全衛生方針を表明することも定めたとする。この場合、各部門がその定めどおりに安全衛生方針を表明しているかどうかチェックすることになる。

1.2　安全衛生活動の仕組みの整備とその運用状況

　事業場において安全衛生水準の向上を目指していくためには、事業場で実施されている日常的な安全衛生活動等の仕組み、実施状況等を調査することが必要である。これらの活動は、事業場で定めた規程、要領に基づいて各部門で実施されているが、役割や分担等の活動の詳細な実施要領、実施手順書は実施する部門ごとに作成していることが多

い。

　ここでは、事業場又は各部門で実施される安全衛生活動の実施手順書等の仕組みの整備状況と実際の実施、運用状況を調べる。

　安全衛生活動としては、次のようなものがある。

・日常的な安全衛生活動の実施
　例：危険予知（KY）活動、4S（整理・整頓・清掃・清潔）活動、ヒヤリ・ハット
　　　活動、改善提案活動、作業開始時のミーティング、安全衛生パトロール
・機械設備の管理、改善
・化学物質の取扱いの管理
・作業管理（作業手順書等の管理）
・OJTなど部門が実施する安全衛生教育の状況
・部門における安全衛生会議の実施
・健康づくり活動
・快適職場づくり
・構内協力会社等との安全衛生上の連絡調整、支援の状況

　労働安全衛生マネジメントシステムの目的は安全衛生水準の向上にあり、1.1の労働安全衛生マネジメントシステムの運用状況の調査と、各部門における重点を絞った安全衛生活動の取組み状況の調査をあわせることにより内容面でのレベルアップを図っていくことが重要といえる。

　また、安全衛生を確保していく上で関係法令、事業場安全衛生規程等に従って実施する必要のある事項について、必要の都度その遵守状況を調査することも忘れてはならない。

　安全衛生活動の仕組みの整備とその運用状況については、次について調査を行う。

①　実施手順等仕組みの整備状況
　　実施事項（何を）、実施者（誰が）、手順・方法（どのように）、実施の時期・回数（いつ）、実施の確認、結果の記録などが手順書、要領により、明確になっているか。

②　仕組みに基づく運用の状況
　　仕組みで定められた実施事項が、仕組みのとおり適切に運用されているか。

③　実施結果の記録の状況
　　仕組みのとおりに実施された事項の結果を適切に記録し、保存しているか。

1.3　前回のシステム監査結果に基づく事項

　システム監査においては、前回のシステム監査における指摘事項やその改善事項のその後の状況について確認することも大切である。このため、監査チームは事前に過去の

システム監査結果報告書、改善報告書等を入手し、内容を確認しておくことが必要である。

2 調査に基づく評価

2.1 被監査部門ごとに行う評価

監査チームは、被監査部門ごとに調査結果に基づいて評価を行う。

調査は、事業場あるいは部署が定めた仕組みに基づいて実施、運用されているかについて、チェックリスト（第5章参照）に基づいて実施されることが一般的である。

評価は、チェックリストにより調査した結果を、評価のための基準に照らし合わせ行う。その際には、表2の例のような評価基準を定めて評価する方法が考えられる。この例では、調査において指摘事項ありと判定されたチェック項目について、その重要度（不適合の程度）をより明確にして評価する基準になっている。また、安全衛生目標の達成状況については別の評価基準を設けて評価している事業場もある。

表2 評価の区分〔被監査部門ごとに行う評価基準例〕

区　　　分		区 分 の 内 容
指摘事項なし		仕組みに基づき適切に実施されている
指摘事項あり	軽　　微	一部仕組みから外れて実施している
	中程度	仕組みから外れているが実施している
	重　　要	実施していない

どの程度の状況をどの区分に評価するのかを、区分の内容で明確にしておくことが必要である。さらに、その内容をシステム監査者全員に周知させ、システム監査者による評価の相違をなくす工夫が求められる。

評価基準の段階設定は、多くても5段階程度とすることが望ましく、いたずらに細かく段階設定を行うことは、システム監査者による評価の統一性を損なうことになるので、注意が必要である。

2.2 事業場全体について行う評価

全ての被監査部門についての調査が終了したら、システム事務局は各監査チームから提出されたシステム監査結果報告書の内容を確認し、事業場全体についての評価を行う。

第4章 調査の内容と評価

(1) 評価の観点

システム監査においては、実施した調査の結果を受けて評価を行う。評価の観点は次のとおりである。

① 労働安全衛生マネジメントシステムの運用の状況

事業場が整備・構築した労働安全衛生マネジメントシステムに従って、運用されているかを評価する。

例えば、調査の結果、複数の被監査部門において同種の不適合事項が指摘されることがある。その原因として、事業場が整備した労働安全衛生マネジメントシステムそのものに起因する場合と、不適合事項が指摘された各部門での運用の仕方に起因する場合がある。

前者の場合には、労働安全衛生マネジメントシステムの仕組みが事業場の目指している安全衛生水準の向上に寄与するものとなっているかを評価する必要がある。

② 安全衛生活動の仕組みの整備とその運用の状況

被監査部門ごとの安全衛生活動の仕組みの整備とその運用の状況の結果をもとに、事業場全体としてどのような状況になっているのかを確認し、評価する。

(2) 評価の基準

事業場全体について行う評価では、被監査部門ごとに行う評価の基準をそのまま使用することはできない。そこで、システム事務局は、別に基準を定める必要がある（表3参照）。

表3　評価の区分〔事業場全体について行う評価の基準例〕

区　　分		区分の内容
指摘事項なし		
指摘事項あり	軽微なもの	事業場が定めた労働安全衛生マネジメントシステムの他の箇所に波及しない、特定の箇所の些細な不具合事項
	中程度のもの	事業場が定めた労働安全衛生マネジメントシステムの他の箇所に波及するが、ＰＤＣＡサイクルにはあまり支障がないもの
	重要なもの	事業場が定めた労働安全衛生マネジメントシステムのＰＤＣＡサイクルが回せなくなるおそれがあるもの

(3) 好事例の確認

システム事務局は、監査チームから報告された好事例に対して、新たな仕組みや実施事項として事業場全体に展開するのが適当な事例か、または、実施は各職場に委ねられる情報提供の事例かを判断する。その判断結果をもとにその内容の活用を図る。

第5章　チェックリストの作成と活用

1　チェックリストの活用と効用

　システム監査を実際に進めるには、調査のためのチェックリストを用意して、そのチェックリストを足がかりに調査を進めることになる。　チェックリストは、次のものをリストとしてまとめたものである。
- ①　調査する内容
- ②　確認する事項
- ③　確認の方法・手段
- ④　判定の基準

システム監査の調査をチェックリストの活用により行うことで、次のような効果を得られる。
- ①　調査・評価事項の明確化による監査の効率化
- ②　監査の見落とし防止
- ③　記録としての活用
- ④　標準化

2　チェックリストの種類と作り方

　チェックリストはシステム監査の目的を全うできるよう、適切に作る必要がある。調査のためのチェックリストは、第4章の1の調査の観点に応じて次のような考え方で作ることができる。

2.1　労働安全衛生マネジメントシステムの運用状況の調査用チェックリスト＜第1のチェックリスト＞

　事業場の労働安全衛生マネジメントシステムの仕組みに基づいて実施する事項が適切に実施、運用されているかどうかを調査するためのチェックリストである。

　事業場の労働安全衛生マネジメントシステムに関する規程類（又は、事業場における労働安全衛生マネジメントシステムマニュアル）の規定で確認すべき事項を取り上げ、それを質問文形式に変えて作成する。

46

第5章　チェックリストの作成と活用

〔事業場の規定を質問文に変えてチェックリストを作成する例〕

労働安全衛生マネジメントシステムの規定	システム監査チェックリストの内容
1　安全衛生計画の作成 1－1　安全衛生課長は、工場安全衛生計画を2月末日までに立案する。 立案にあたり、予算についてもあわせて検討し、また、部署安全衛生会議等を通じて労働者の意見を反映させる。 なお、立案する安全衛生計画には、次の①の事項を含めるものとし、立案にあたっては下記②の事項を考慮することとする。 ①　計画に含める事項 　イ　リスクの除去又は低減のための実施事項 　ロ　安全衛生関係法令、工場安全衛生規程に基づく実施事項 　ハ　日常職場安全衛生活動 ②　計画立案にあたり考慮する事項 　イ　工場長名の安全衛生方針 　ロ　工場安全衛生目標 　ハ　安全衛生計画の実施期間 　・ 　・	1　安全衛生計画の作成 1）安全衛生計画を立案されているか。 2）工場安全衛生計画の立案は、安全衛生課長が行ったか。 3）2月末日までに立案したか。 4）立案にあたり、予算についてもあわせて検討したか。 5）労働者の意見を反映させたか。 6）労働者の意見の反映は、部署安全衛生会議を通して行われたか。 7）立案する安全衛生計画には、次の事項を含めているか。 　イ　リスクの除去又は低減のための実施事項 　ロ　安全衛生関係法令、工場安全衛生規程に基づく実施事項 　ハ　日常職場安全衛生活動 8）計画の立案にあたり次の事項を考慮したか。 　イ　工場長名の安全衛生方針 　ロ　工場安全衛生目標 　ハ　安全衛生計画の実施期間 　・ 　・

2.2　安全衛生活動の仕組みの整備とその運用状況の調査用チェックリスト＜第2のチェックリスト＞

　安全衛生活動に関する仕組みの整備とその運用状況を調査するためのチェックリストである。このチェック項目の内容は、

①　仕組みの整備状況を調査する項目

②　仕組みに基づいた実施状況を調査する項目

③　安全衛生水準の向上に関する項目

と分けて考えた方が理解しやすい。

　①の仕組みの整備状況に関するチェック項目は、部署ごとの安全衛生活動の実施要領、実施手順書等の有無について調査を行うことができるものを用意する。また、②は安全衛生活動の実施状況について調査を行うことができるものを用意する。

　また、③の安全衛生水準の向上に関するチェック項目は、個別の安全衛生活動ごとにPDCAがまわり、取組みの結果、部門ひいては事業場の安全衛生水準の向上につながる活動となっているかを調査できるものを用意する。

　また、活動のレベルアップを目指したような調査項目を含めておくと、活動のさらなる活発化につながる。なお、この場合の調査項目は、仕組みとしてまだ整備されていない事項であることが多いので、評価の対象からはずして調査することも考えられるが、改善に結びつきにくくなってしまうことから、むしろ、積極的に評価の対象として改善を促す方が良いと考える。しかしながら、職場に過度の負担とならないように十分に配慮しながら進めていく必要がある。

3　確認の方法と判定の基準

3.1　確認の方法、手段

　例えば、「職場ごとに安全衛生関係の記録を保管、管理する担当者を設けていること」という規定に沿って、「職場安全衛生関係記録保管担当者を定めているか?」というチェック項目に対し、調査の場で被監査部門担当者の「定めています」という答えだけで○として良いとは限らない。チェックリストの備考欄に「担当者が特定できる記録の確認及びその名称」と記載しておくと間違いがなく、実際にそれが確認できない場合は○にできない。応対者の「はい」という回答に対し、証拠としてどのような文書、記録等を求めるか、などの事項もチェックリストに書き込んでおくとよりスムーズな進行ができる。

　確認の方法としては、次のものがある。

①　聞き取り（管理者に対して、監督者に対して、作業者に対して等）

②　文書、記録等での確認

③　現物の確認（掲示の状態、改善の状態等）

④　作業や活動が行われている実際の状況

　システム監査の趣旨を関係者が理解していれば、必ずしも調査項目全てについて証拠を求める必要はないという考えもある。要は事業場の状況に応じて決めれば良いが、システム監査本来の目的が達成されなければならない。

3.2　判定の基準

判定は、チェック項目の要素である次の①～⑤の項目について「ある／なし」、「YES／NO)」や「○、×」で行うことが基本である。

① 誰が（実施者）

② 何を（実施事項）

③ どのように（実施の方法）

④ いつ・いつまでに（実施のスケジュール）

⑤ どこまで（実施の目標）

しかし、「○、×」だけでは十分な判定ができないチェック項目や要求事項が職場に浸透していない事項に関するチェック項目の場合等は、例えば、その間に「△」というレベルを設けてより具体的に判定している事業場もある。表4はその例である。

（例）

チェック項目：重大ヒヤリハットは24時間以内に報告しているか

表4　判定基準（例）

区　分	区 分 の 内 容
○	24時間以内に報告
△	2日以内に報告
×	報告していない

チェックリストの質問に対し、「○、×」などの判定を下すのはシステム監査者である。公平、厳正性を確保するためには、監査する者によって判定がばらつかないよう可能であれば数値を用いて、基準を明確にしておくことが重要である。その判定の基準は、チェックリストの中に記載しておき、活用しやすい形にしておくことが望まれる。

4　チェックリスト作成の流れ

調査のためのチェックリストの作成は、次の流れが考えられる。

① システム事務局が調査項目の基本的な部分についてのチェックリストの素案をあらかじめ作成しておく。

② システム監査のテーマに応じて、該当する調査項目をシステム事務局が①から抜き出す。これを元に被監査部門ごとに必要となる調査項目についてシステム事務局とシステム監査を実施する監査チームが検討し、チェックリストを整理、作成する。

③　被監査部門ごとに作成したチェックリストについて、監査チームは、チェック項目確認のための質問を被監査部門に応じて具体化する。

5　チェックリストの見直し

　事業場で定めた労働安全衛生マネジメントシステムの実施状況等に関するチェックリスト、及び安全衛生活動の仕組みの整備とその実施状況等の取組みへのチェックリストは、年を追って変わっていくべきものである。なぜなら、労働安全衛生マネジメントシステムのPDCAがまわされるごとに安全衛生水準はスパイラル状に向上するものであり、それに従い労働安全衛生マネジメントシステムそのものも改善されていく。当然、その改善に沿ってチェックリストの内容もその実態に応じて変えていく必要がある。もしも何年も変わらないチェックリストを使用しているならば、その事業場の安全衛生水準の向上は、期待できないことになる。

　システム事務局は、全体の反省会を開催した後や労働安全衛生マネジメントシステム仕組みの改定、各部門の安全衛生管理の仕組みの改善の都度、チェックリストを見直し、修正を加えることが必要である。

第5章　チェックリストの作成と活用

チェックリスト（例）

○○年○○月○○日作成
○○年○○月○○日改定

【ＫＹ活動】

チェック項目	確認方法	判定基準	判定結果	コメント
1　仕組みの有無				
自部門におけるＫＹ活動の活動要領や運用等の仕組みがあるか	手順書、要領書等で確認	○：手順、要領等が定められ、書類になっている ×：定められていない		
2　仕組みの実施状況				
（1）　ＫＹ活動は、毎朝（始業時ミーティング時）実施しているか	ＫＹ活動シートで確認	○：毎朝実施している ×：毎朝実施していない		
（2）　関係する作業者すべてが参加して実施しているか	ＫＹ活動シートで参加者確認	○：参加している △：参加していない時が数回ある ×：参加していない時が多くある		
（3）　作業のイラストや写真を使用して実施しているか	使用しているイラストや写真確認	○：使用している ×：使用していない		
（4）　リーダーは実施した結果を監督者に報告しているか	ＫＹ活動シート	○：報告している ×：報告していないときがある		
（5）　決定した指差呼称項目は、現場で実施されているか	作業現場確認	○：適切に実施している △：指差ししているが声が出ていない（声は出しているが指差ししていない） ×：適切に実施していない		
3　レベルアップ項目				
（1）　リーダーはすべての作業者に発言させる工夫をしているか	実施状況確認	○：工夫して発言させている ×：特に何も実施していない		

第6章 システム監査の手順書の作成と見直し

1 システム監査の手順書の作成

　マネジメントシステム指針第17条において、事業者はシステム監査の手順を定めることとされている。手順とは「誰が、何を、どのように行うか等を定めたもの」である。したがって、どのように進めればシステム監査を適切かつ効果的に行うことができるかを具体的にまとめた仕組みを手順書として作成することが求められている。実務的には、システムの運用の実務責任を有するシステム事務局等の部門・担当者が中心となり、システム監査の手順を定め、手順に基づき実施することになる。

　一方、システム監査は、システムが適切に実施され、運用されているかどうかについて文書や記録を調査するだけでなく、システム各級管理者との面談や作業場等の視察を行い評価するものである。　労働安全衛生マネジメントシステムは事業場のどこか1カ所で動いているというものではなく、事業場全体として運用されるとともに、それぞれの部署ごとでも運用されるものであることから、システム監査の手順はそれらを適切に調査し、評価できるものでなければならない。

　そこで、システム監査の手順書には、①計画・準備、②実施及び③フォローアップの各段階に必要な要素を組み込み、一般的には、第3部の冒頭のフローチャート（64頁参照）に示すようなステップを踏んでいくことが考えられる。このようなフローチャートを描いた上で手順を検討し、手順書を作成していくと進めやすい。システム事務局はシステム監査手順書を作成するにあたり、関係者に意見を聞くことが重要であり、その内容を事業場全体に周知させておくことが必要である。

　ところで、このフローチャートでは、システム監査及び監査結果に基づく改善の実施の過程を次の3つの段階に区分することができる。

① 計画・準備の段階
　　システム監査（年間）計画の作成及び事業者の承認、監査チームの編成、システム監査実行計画の作成、被監査部門への通知、チェックリストの整理・作成、監査実施前の打ち合わせ

② 実施の段階
　　事前打ち合わせ、システム監査の実施、システム監査結果報告書の作成及び報告

③ フォローアップの段階
　　システム監査結果通知書の作成及び通知、改善の実施、改善報告書の作成及び報告、改善の確認・フォローアップ、システム監査総括報告書の作成、事例の周知、水平展開、反省会、事業者への報告

第6章　システム監査の手順書の作成と見直し

　手順書は、以上に挙げたようなプロセスごとに、実際に誰がどのように進めていくと自事業場のシステム監査として効果的なものとすることができるのかを検討し、実情に合わせて作り上げていく。

　また、システム監査者に関する要件やシステム監査の公平性、独立性等の確保のための要件など、システム監査の適正な実施に必要な事項の規定も併せて検討し制度として整備し、手順書に含めるようにする。手順書には、好事例の水平展開の仕組みについて盛り込んでおくとよい。

　なお、システム監査の結果は、労働安全衛生マネジメントシステムの見直しにおける重要な参考資料になるとともに、次年度の安全衛生目標の設定及び安全衛生計画の作成にも反映されるものであるため、文書管理の手順に従い、記録保管期間等を定め所定の管理部門が確実に保管しておかなければならない。

　また、システム監査の手順書の例を54 〜 57頁に示す。

2　システム監査の手順書の見直し

　労働安全衛生マネジメントシステムが継続的に実施、運用されていくにつれて、安全衛生水準が向上するなど、状況に変化がみられるものである。また、定めた手順に従ってシステム監査を行っていく中で、やりにくいとか、見落としをしやすいなど監査の方法等に改善すべき点が見つかることも考えられる。さらに、監査チームとシステム事務局を交えた反省会で改善すべき点が見つかることもある。そのようなことから、3年ごとなど適当な期間ごとにシステム監査手順書の見直しのための検討を行うことが重要である。もちろん、重大な欠陥が明らかになった場合は、随時の見直しを行うことが必要となる。

　見直しは、システム事務局等が中心となって行うことが一般的である。その際、それまでに出されてきたシステム監査チームからの意見や被監査部門からの要望、安全衛生委員会における審議の記録なども参考とする。

53

システム監査の手順書の例

表　題	○○工場 システム監査手順書	文書番号	○○－○○○○○○
目　　的	○○工場におけるシステム監査を適切に実施するため、システム監査及びシステム監査に基づく改善の進め方、システム監査者等の各担当者の役割、責任等、必要な事項を規定する。		
履　　歴	○○年○○月○○日制定 ○○年○○月○○日改正（「記録の保管」を追加）		
適　　用	○○工場において、労働安全衛生マネジメントシステムの実施、運用に関係する部門に対するシステム監査について適用する。		
用 語 の 定　　義	システム監査：…… システム監査計画：…… システム監査者：…… 監査チーム：……		
手　　順	システム監査手順		

1　システム監査計画

1－1　定期のシステム監査計画

(1)　システム事務局は、年1回、下記の内容を含んだ年度システム監査計画を立案する。

① 　システム監査のテーマ

② 　被監査部門

③ 　監査チーム

④ 　システム監査の内容

⑤ 　システム監査の日程

(2)　システム事務局は、立案した年度システム監査計画について、システム各級管理者に説明し、意見を求める。

(3)　システム事務局は、立案した年度システム監査計画について、工場長の承認を受け、被監査部門の長をはじめ関係者に周知させる。

1－2　臨時のシステム監査計画

工場長が必要と認める時に実施するシステム監査に係る計画は、1－1に準じてシステム事務局が立案し、システム各級管理者に意見を求め、次いで工場長の承認を受け、被監査部門の長をはじめ関係者に周知させる。

2　監査チームの編成

システム事務局は、1の計画に盛り込む被監査部門ごとの監査チームを、以下により主任システム監査者及びシステム監査者を選任して編成する。

第6章　システム監査の手順書の作成と見直し

⑴　主任システム監査者及びシステム監査者は、システム監査者規程に定めるそれぞれ
の要件を満たした者で、システム監査者名簿に登録された者から選任する。

⑵　監査チームは、主任システム監査者1名及びシステム監査者1〜3名で構成するこ
とを原則とする。ただし、1つの監査チームを2班に分けてシステム監査を実施する
場合は、いずれの班も2名以上の構成とする。

3　システム監査の公平性及び独立性の確保

　　システム監査の公平性及び独立性を確保するため、主任システム監査者及びシステム
監査者は、当該システム監査の被監査部門以外の部署から選任する。

4　システム監査実行計画

⑴　主任システム監査者は、監査チームによる打ち合わせを行い、システム事務局が作
成した年度システム監査計画に基づき、被監査部門のシステム監査実行計画を被監査
部門と調整の上立案し、システム事務局の承認を得て作成する。さらに、その内容を
被監査部門の長に通知する。

　　なお、システム監査実行計画には、次の項目を含めるものとする。

①　システム監査の日程

②　被監査部門

③　監査チーム（主任システム監査者及びシステム監査者）

④　被監査部門の対応者

⑤　システム監査当日のスケジュール

⑥　システム監査の具体的内容

⑦　監査結果のシステム事務局への報告日

⑧　監査結果の被監査部門への通知日

⑨　改善結果の報告日

⑵　主任システム監査者は、システム監査実行計画に基づき、システム監査の1カ月前
までに監査チーム及び被監査部門と事前の打ち合わせを行い、システム監査の内容、
関係書類の事前提出等についての説明を行う。

5　チェックリストの作成及び見直し

⑴　システム監査に使用するチェックリストには、次の項目を含めるものとする。

①　調査する内容

②　確認する事項

③　確認の方法・手段

④　判定の基準

⑵　チェックリストは、次の手順で作成する。

　　①　システム事務局が、基本的な調査事項についてのチェックリストの原案を作成する。

　　②　システム事務局は、システム監査実行計画の具体的内容に基づき①のチェックリストについて、監査チームと協議の上、システム監査で使用するチェックリストを作成する。

⑶　システム事務局は、毎年、チェックリストの見直しを行う。

6　システム監査の実施

⑴　主任システム監査者は、システム監査の開始にあたり、監査チームと被監査部門の担当者による開始ミーティングを行い、システム監査のテーマ、監査内容、日程及び当日のスケジュール等を確認するとともに、システム監査の進め方、システム監査における注意事項を説明する。

⑵　調査は、チェックリストを使用した聞き取りにより行う。また、必要に応じて、調査事項に対する回答の根拠となる文書、記録及び現場の状況等の確認を行う。

⑶　監査チームは、被監査部門における好事例の収集に努める。

⑷　調査において、指摘事項等があった場合は、監査チームは被監査部門の担当者にその理由とともに告げ、双方で確認する。

⑸　聞き取り調査終了後、監査チームはチーム確認ミーティングを行い、システム監査結果の概要を取りまとめる。

⑹　システム監査の終了にあたって終了ミーティングを行い、主任システム監査者はシステム監査結果の概要を被監査部門に示すとともに、正式のシステム監査結果の通知時期等、今後の予定を説明する。

⑺　監査チームは、指摘事項の確認を被監査部門と行い、必要に応じて改善方法について助言する。

7　システム監査結果報告書

⑴　主任システム監査者は、監査チームで調査結果に基づく評価をシステム監査評価基準に従って行い、システム監査実施後7日以内に様式1のシステム監査結果報告書を作成してシステム事務局に報告する。

⑵　主任システム監査者は、6⑶で収集した好事例を様式1によりシステム事務局へ報告する。

⑶　システム事務局は、システム監査結果報告書の内容を確認し、各指摘事項ごとにフォローアップの必要性を判断した上で様式2のシステム監査結果報告書兼結果通知書を作成して被監査部門の長あてに通知する。

第6章　システム監査の手順書の作成と見直し

8　システム監査結果通知書に基づく改善

　(1)　被監査部門の長は、システム監査結果通知書に基づき改善を行う。

　(2)　指摘事項は1件1葉の報告書とし、被監査部門の長は、様式3の改善報告書に改善が完了した指摘事項について、改善内容、完了日等の必要事項を記入し、システム監査結果通知書の発行から2カ月以内にシステム事務局に報告する。

　(3)　システム事務局は、改善内容を確認し、必要な場合は助言する。

　(4)　システム事務局は、7(3)によりフォローアップを必要と判断した改善事項については監査チームによるフォローアップを実施する。

　(5)　指摘事項の管理は、システム事務局及び被監査部門の双方で行う。

9　工場において実施したシステム監査のまとめ

　(1)　システム事務局は、各監査チームのシステム監査結果報告書を取りまとめ、システム監査評価基準に従って評価を行い、様式4のシステム監査総括報告書を作成して工場長に報告する。

　(2)　システム事務局は、工場長へ報告したシステム監査総括報告書の内容を安全衛生委員会の場で報告する。

10　好事例の水平展開

　　工場長は、安全衛生委員会での審議を踏まえて好事例を周知・水平展開する。

11　反省会の実施

　　システム事務局は、すべての監査チームを交えた反省会を実施し、次年度のシステム監査に向けた監査手順、チェックリストの見直し等について検討する。

12　記録の保管

　　システム事務局は、システム監査に関する記録を5年間保管する。

関連文書	文書管理手順書ほか労働安全衛生マネジメントシステムに基づき作成された各手順書、安全衛生関係文書管理規程、安全衛生管理規程、システム監査者規程、システム監査評価基準

様式1兼様式2

システム監査結果報告書兼結果通知書

〇〇年〇〇月〇〇日作成

被監査部門の長	←	システム事務局 （責任者）	←	主任システム監査者
（通知対象者）		（報告対象兼通知者）		（報告者）

システム監査結果について、以下のとおり報告（通知）します。

監査対象部署：		システム監査者名	指摘事項の数
応 対 者		主任監査者：	軽微：
監査年月日	年　月　日　時〜　時	監査者：	中程度： 重要：

□：定期　□：不定期
コメント（システム監査理由等）

システム監査結果（総合評価）	安全衛生目標の達成状況
	A　B　C　D

評価すべき事項（好事例）

指摘事項（要改善箇所）	フォローアップの 要否（※）

主任システム監査者コメント

事務局コメント（※）

注（※）はシステム事務局記入欄

様式3

改善報告書

件目　件中の
○○年○○月○○日作成

被監査部門の長 → システム事務局（責任者） → 主任システム監査者(注1)

システム監査における指摘事項について、以下のとおり改善しましたので報告します。

指摘事項	指摘事項の背景	改善方針	改善内容（処置）	改善完了(予定)日	確認及びフォローアップの必要の有無(注2)

注1）フォローアップが必要なときは、報告の内容を主任システム監査者に確認する。
注2）「確認及びフォローアップの必要の有無」欄はシステム事務局において記入する。

様式4

システム監査総括報告書

○○年○○月○○日作成

工場長	システム事務局

　○○年度の当工場におけるシステム監査の結果は以下のとおりでした。

　なお、①個別のシステム監査結果通知書及び改善報告書、②実施対象部門、③実施スケジュール、④監査者名は別紙のとおりです。

1．システム監査に関する総括

2．労働安全衛生マネジメントシステム運用上の課題

3．安全衛生に関する共通課題

4．安全衛生に関する個別管理事項の課題

5．評価できる事項（好事例）

6．次年度に向けて

工場長コメント

第3部
システム監査の
実施時の準備から
結果の反映まで

労働安全衛生マネジメントシステムが構築され運用が始まると、次のステップとして、システム監査の計画を立て、実施の段階へと移行していく。また、システム監査実施後は、指摘事項について改善を施し、最終的には監査結果が事業者の見直しのための材料となる。これらの流れとしては以下のとおりとなる。

(1) システム事務局がシステム監査（年間）計画を作成する。

(2) システム事務局がシステム監査チームを編成する。

(3) システム監査チームが、被監査部門に対してシステム監査の具体的な内容を定めた実行計画を作成する（日程等は被監査部門と調整する）。

(4) この実行計画に基づきシステム監査を実施する。

(5) 被監査部門は、システム監査の結果に基づき改善を行う。

(6) システム事務局は、改善結果を確認し、必要な場合はフォローを実施する。

(7) システム事務局は、システム監査結果を事業者に報告する。

(8) システム事務局は、システム監査の反省会を実施する。

第3部においては、これらの流れに沿って、具体的な進め方について解説していく。

システム監査実施の流れ（例）

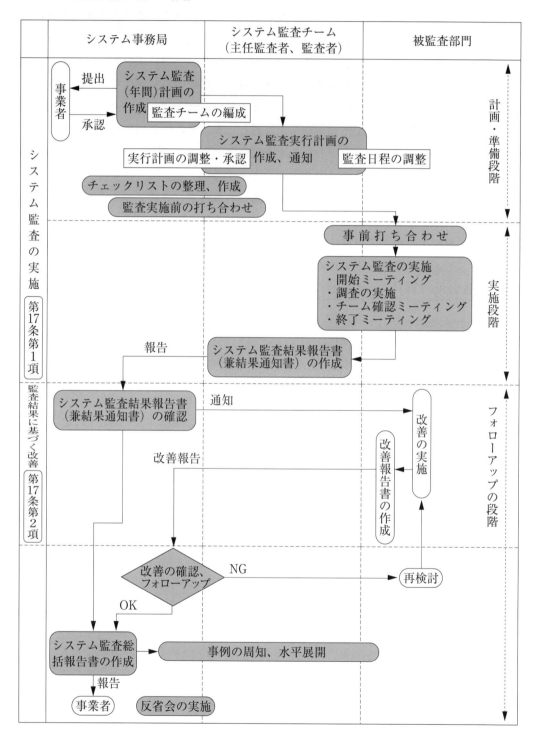

第7章　システム監査の準備段階

　この章では、システム監査の準備段階における、留意点や実施すべき事項について解説する。概要は次のとおりとなる。

実施項目	内　　容	事業者	主体となる実施者 システム事務局	監査チーム	被監査部門
① システム監査(年間)計画の作成	1) システム監査年間計画(案)の作成		●		
	2) システム監査年間計画の承認	●			
② システム監査チームの編成	被監査部門ごとに、監査を実施する主任システム監査者及びシステム監査者を選任し、監査チームを編成する。		●		
③ システム監査実行計画の作成、通知	1) システム監査実行計画(案)の作成			●	
	2) システム監査実行計画の承認		●		
	3) 実行計画の被監査部門への通知			●	
④ チェックリストの整理、作成	監査項目に基づく、チェックリストの整理、作成		●	●	

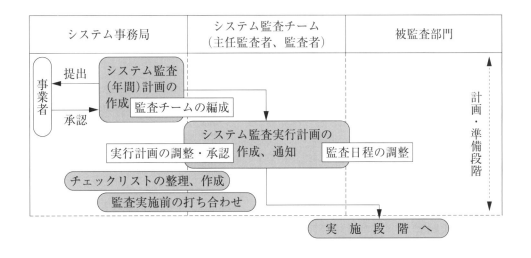

システム監査実施における準備段階のフロー

1 システム監査計画の作成

システム監査を実施するために、まず始めに行うのが、システム監査（年間）計画の作成である。

システム監査計画は、システム監査のテーマ、被監査部門、システム監査の内容、監査チームの編成、システム監査日程（時期と期間）等を内容とし、システム事務局が年度当初等に作成するものである。システム監査計画の作成にあたって留意すべき事項及び盛り込むべき内容は以下のとおりとなる。

1.1 作成に当たって留意すべき事項

① 安全衛生計画の期間中に少なくとも1回は実施するよう計画すること。安全衛生計画の期間が1年を超える場合にあっては、1年以内ごとに一度、一般的には、年1～2回実施するものであること。

② 短期間に集中して実施してもよいが、実施上の負担等を考慮し、数カ月かけて実施するスケジュールとしてもよい。一方でシステム監査は、安全衛生計画における目標の達成状況等についても確認することから、目標達成のための活動時間が必要であり、安全衛生計画の早い時期にシステム監査を実施することは避けるべきであり、これらを踏まえて具体的スケジュールを決定する必要がある。

③ システム監査チームが、被監査部門等とスケジュール等必要な調整を行い、無理のない計画を作成すること。

④ システム監査結果は事業者の見直しの重要な資料となることから、システム監査計画は事業者が承認するものであること。

1.2 盛り込むべき内容

(1) 監査のテーマ

労働安全衛生マネジメントシステムに関する項目すべてについて監査することが望ましいが、監査は限られた時間内で実施することから、リスクの状況、過去の監査テーマ、過去の監査結果、事業場の課題、社会状況及び法令の改正等を受けて、その都度何を重点的に監査するのか等テーマを定めると、効率的、効果的な監査の実施につながる。

(2) 監査対象部署

労働安全衛生マネジメントシステムは全社的な推進であることから、間接部門も監査の対象とし、全ての部門について実施することが望ましい。

第7章　システム監査の準備段階

⑶　システム監査の内容

　監査のテーマに基づき、被監査部門ごとに監査項目を決める。例えば、安全衛生計画のPDCAサイクルがうまくまわっているかをはじめ、労働安全衛生マネジメントシステムに関する事項については全部門に実施し、これに、化学物質を扱っている部門には、化学物質の管理状況に関するもの、機械設備等が多い部門には、機械設備の管理状況に関するものなど、個別の管理事項を加えることなどが考えられる。

⑷　監査チームの編成

　被監査部門ごとに担当するシステム監査チームを決める（以下2を参照）。

⑸　システム監査の日程

　被監査部門ごとに、①監査の実施日、②監査結果報告日、③要改善事項通知日、④改善報告書提出日、の予定日を決めておく。また、事業者へ提出するためのシステム監査総括報告書の提出日等を決めておく。

　なお、監査の実施日、報告書の提出日の決定に当たっては、被監査部門、監査チーム等と必要な調整を行い、無理のない範囲で日程を組むことが大切である。無理のある日程は、被監査部門及び監査チームの準備不足等につながり、監査が形骸化するおそれがある。

2　監査チームの編成

　システム事務局は、システム監査計画作成の際に、被監査部門ごとの監査チームを編成する。監査チームは、1名の主任システム監査者及び1名以上のシステム監査者の複数メンバーで構成する。なお、選任に当たっては、システム監査者名簿等から、被監査部門に所属しない者を選任するなど、できるだけ被監査部門に対し公平かつ客観的な立場にある者から選ぶようにし、さらに当該監査内容について監査することができる力量を持った監査者を選任する必要がある。特に、1.2の⑶で述べた個別管理事項については専門性が高くなるので、監査チームにはその力量が備わった者を含める。なお、一般的に、監査チームは2～4名程度で構成される。

3　システム監査実行計画の作成・通知

　システム監査実行計画は、システム監査計画に基づき、監査チームが被監査部門ごとに監査当日のスケジュール、具体的監査項目等を定めた計画をいう。システム監査チームは、被監査部門ごとに監査実行計画を作成し、通知する必要がある。

システム監査実行計画の作成にあたって留意すべき事項及び盛り込むべき内容は以下のとおりとなる。

３．１　作成に当たって留意すべき事項
①　システム監査計画に基づき作成すること。
②　事前に被監査部門と監査日程や時間等必要な調整を図り、無理のない実行計画とすること。
③　システム事務局と必要な調整を図り、承認を得ること。

３．２　盛り込むべき事項
⑴　監査日程
被監査部門に対する再確認等の観点から、システム監査計画で示されるシステム監査実施日等全体日程を記載する。また、事前打合せ日等関連事項のさらに詳細な日程がある場合には、この日程も含めて記載する。

⑵　監査チーム
監査チームのメンバーを記載する。また、あらかじめ被監査部門の応対者が決まっている場合には、このメンバーも記載するとよい。

⑶　当日のスケジュール
監査当日の具体的なタイムスケジュールを定めておく。例えば、労働安全衛生マネジメントシステムに関するもの、職場安全衛生活動に関するもの、機械設備の管理に関するもの等、監査内容ごとにどの程度の時間をかけて実施するのかあらかじめ決め、被監査部門に伝えておく必要がある。

なお、監査項目が多い場合は、事前に書類の確認を行ったり、監査チーム及び被監査部門の担当者を分けて実施することにより、システム監査の効率化を図る。また、リスクの高い部門には比較的長めの時間をかけて実施するなど、監査内容に適した実施が望まれる。

⑷　監査の具体的内容
システム監査計画で定められた監査項目に基づき、具体的な監査内容を実行計画に盛り込む。次の事項が考えられる（第４章参照）。
①　労働安全衛生マネジメントシステムの運用の状況
②　安全衛生活動の仕組みの整備とその実施の状況
③　前回のシステム監査結果に基づく事項

4 チェックリストの作成・整理

　システム事務局は、システム監査のテーマ、監査内容にかなったチェックリストを作成し、あらかじめ準備しておく必要がある。このとき、必要に応じ監査チームの協力を得ることや、チェックリストを決定するための手順等を作成しておくことが望ましい。また監査チームは、監査実施の前には、チェックリストのチェック項目の内容を把握し、効率よく監査が進められるように監査項目の整理をしておく必要がある。

　なお、チェックリストの具体的な作成のしかたについては第5章を参照されたい。

		承認	審査	作成

○○年○○月○○日作成

○○事業所　　年度　OSHMS監査計画

1．監査テーマ

以下の 4 項目を重点的に行う。
① 　部門安全衛生計画のPDCA状況　　② 　リスクの管理状況
③ 　職場安全衛生活動（ヒヤリハット）　④ 　化学物質管理（該当部門のみ）（②〜④は個別管理事項）

2．監査日程（予定）

No.	監査対象部署	監査年月 6月	7月	8月	9月	10月	11月	12月	1月	2月	備考
1	安全衛生課			●20	◎◆1　→		△1				
2	総務部			●25	◎◆7　→		△7				
3	経理部				●◎◆ 3 13		△13				
4	人事・労務部				●◎◆ 10 20　→		△20				
5	技術開発課				●◎◆ 18 28　→		△28				
6	品質保証課					●◎◆ 3 13　→	△13				
7	保全課					●◎◆ 14 24　→	△24			★20	
8	健診センター					●◎◆ 18 28　→	△28				
9	資材課					●31	◎◆9　→ △29				
10	製造1課						●◎◆ 1 11　→ △11				
11	製造2課						●◎◆ 5 15　→ △15				
12	製造3課						●◎◆ 11 21　→ △21				
13	製造4課						●◎◆ 18 28　→ △28				

●／監査実施（システム監査チーム）　　　　　　　　　　◎／監査結果報告（システム監査チーム→システム事務局）
◆／監査結果通知・フォロー（システム事務局（監査チーム）→被監査部門）　△／改善報告書提出期限（被監査部門→システム事務局）
★／年間監査総括報告（システム事務局→事業所長）

3．監査チーム

	主任監査者	監査メンバー	監査対象職場（日程表の番号参照）
監査チーム 1	○○○○	○○○○、○○○○、○○○○	1，2，5，6
監査チーム 2	○○○○	○○○○、○○○○、○○○○	3，4，7
監査チーム 3	○○○○	○○○○、○○○○、○○○○	8，12，13
監査チーム 4	○○○○	○○○○、○○○○、○○○○	9，10，11

4．監査内容

労働安全衛生マネジメントシステムの運用状況等について、各対象職場における該当部分（○をつけた箇所）を文書、記録及び作業現場の実地調査により調査する。

No.	監査対象部署	労働安全衛生マネジメントシステム指針、ほか 部門計画	リスク管理	職場活動	化学物質	・・・・・・・・・	前回監査の改善確認
1	安全衛生課	○	○	○	○		○
2	総務部	○	－	－	－		○
3	経理部	○	－	－	－		○
4	人事・労務部	○	○	○	－		○
5	技術開発課	○	○	○	○		○
6	品質保証課	○	○	○	○		○
7	保全課	○	○	○	○		○
8	健診センター	○	○	○	○		○
9	資材課	○	○	○	○		○
10	製造1課	○	○	○	○		○
11	製造2課	○	○	○	○		○
12	製造3課	○	○	○	○		○
13	製造4課	○	○	○	○		○

第7章　システム監査の準備段階

システム監査実行計画（例）

	製造1課　　システム監査実行計画書		
作成日	○○年9月25日	作成者	主任監査者　○○○○
監査チーム	主任システム監査者　技術開発課長　　○○○○ システム監査者　資材課課長　　○○○○ 安全衛生課課長代理　○○○○		
実施日時	○○年11月1日（　　）13時～16時		
応対者	全体対応　　○○課長、○○係長、○○係長 現場確認時対応　○○班長		

1　準備から完了までのスケジュール

項　　目	10月	11月	12月	1月	2月
事前打合せ	1				
・					
・					
・					
監査実施		1			
監査結果報告		11			
要改善事項の通知		13			
改善の実施及び 改善報告書の提出		→------→		11 ----→	------→
フォローアップ(必要時)				------→	----→

2　当日スケジュール

13：00～13：10 （10分）	オリエンテーション等 ・主任システム監査者挨拶、製造1課長挨拶 ・メンバー紹介 ・スケジュール確認、監査内容の確認、注意事項
13：10～13：30 （20分）	前回の要改善事項の改善状況と関係事項の運用状況の確認 ・前回の指摘事項の確認 ・要改善内容の確認とその後の機能性の確認
13：30～14：10 （40分）	部門安全衛生計画のPDCAについて ・部門安全衛生計画の実施・運用状況 ・安全衛生目標の達成状況 ・日常的な点検・改善の状況
14：10～15：30 （80分）	安全衛生に関する個別管理事項について(現場ヒアリング、現場確認含む) ・リスクアセスメントの実施状況とリスクの管理状況について ・職場安全衛生活動(ヒヤリハット)について ・化学物質管理について
15：30～16：00 （30分）	チームミーティング＆終了ミーティング ・監査チーム全員により、主な指摘事項の確認を行う。 ・監査チーム及び被監査部門応対者による、監査結果の確認を行う。 ・今後の予定を確認する。

注）休憩は、適宜取ること。

第8章　システム監査の実施段階

この章では、システム監査の実施段階における留意点や実施すべき事項について解説する。概要は次のとおりとなる。

実施項目	内　　容	事業者	システム事務局	監査チーム	被監査部門
① システム監査の事前打ち合わせ	被監査部門との事前打ち合わせ（監査メンバーの紹介、監査事項、進め方、必要文書等）			●	●
② システム監査の実施	1）開始ミーティングにおける監査事項、スケジュール等の確認			●	●
	2）チェックリストによる質問調査、現場視察等による監査の実施			●	●
	3）要改善事項、不具合事項等についての被監査部門の責任者等への確認			●	●
③ 監査チーム内の検討と確認	1）監査チーム確認ミーティングにおける要改善事項等の確認			●	
	2）システム監査結果を被監査部門に提示し、要改善事項等を説明し双方で確認（終了ミーティングの実施）			●	●
④ システム監査結果のまとめ	1）監査チーム内での検討と評価			●	
	2）システム監査結果報告書(案)の作成			●	
	3）システム監査結果報告書(案)の確認と報告	●	●	●	
	4）監査チーム反省会の開催		●	●	

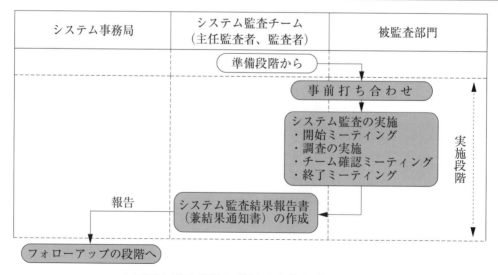

システム監査実施における実施段階のフロー

1　システム監査の事前打ち合わせ

　システム監査チームは、システム監査実施に先立ち、監査メンバーを紹介するとともに、被監査部門と事前に監査事項、システム監査の進め方、システム監査に必要な文書、記録等の種類を示し、十分説明しておくことが望ましい。この際に、事前に提出してもらう文書、記録等があれば依頼しておく。

　前触れなしに不意打ちで監査する方が実態がわかるとする考え方もあるが、必要な文書、記録を用意するのに時間がかかる上、システム監査者からの質問の趣旨を理解するのに時間を要するなど無駄が多く、実際的とはいえない。システム監査は、被監査部門の安全衛生水準の向上のために行うことを被監査部門によく説明し、前向きな対応が大切であることを理解してもらう。

　なお、普段から労働安全衛生マネジメントシステムに関する基本的な内容を共通理解とするよう教育を行い、システム監査の意義、目的等を十分説明し、理解を得ておくことが重要である。

2　システム監査の実施

2.1　開始ミーティング

　システム監査における調査を開始する前に、システム監査チーム及び被監査部門の責任者をはじめ対応する担当者が集まり、開始ミーティングを行う。ここで重要なことは監査チーム側が監査を主催していることをハッキリさせることである。

　①　メンバーを紹介する

　②　主任システム監査者から監査テーマ、監査内容、日程を説明する

　③　システム監査実行計画概要を説明し、文書類での監査、現場での視察スケジュール等を確認する

　④　協力要請と監査の開始を宣言する

　システム監査者の態度は、謙虚でその場での雰囲気を和らげるように努める必要がある。「不具合事項を見つけに来たのだ」という態度ではなく、「私は貴課のシステムが効果的に運用されているかどうかを確認するために調査している」という態度で臨むことが望ましい。

2.2　調査の進め方

　対応する担当者に対し、チェックリスト等に従い調査を行う。その際、質問に関連する文書、記録あるいは作業現場等の証拠となるものの提示を求める。また、聞き取りによる確認、現物の確認等により実行の確認を行うことも重要なことである。

① 要領等に従って実行したことが記録で確認できるか

② 実行していることを現場（掲示等）で確認できるか

③ その実行は聞き取りにより確認できるか

システム監査事項が多い場合は、チームを2つに分割し、例えば4人のシステム監査チームであれば2人ずつに分かれて、並行して進めると効率的に行える。

(1) チェックリスト使用時のポイント

チェックリストはあくまでも確認すべき項目を列挙したものであり、これをどのようにして確認していくか、どのような質問で確認していくかは別のものである。 チェックリストの項目一つひとつについてそのまま質問内容とすることは、被監査部門とのやり取りがつながらないことから適切ではない。したがって、いくつかの質問をまとめて質問し、監査の流れを考慮して質問するなどの工夫が望まれる。

(2) 調査・評価のポイント

監査のポイントは、

① 手順を文書化しているか

② 文書化した手順どおりに実施しているか

③ 手順で決められた証拠となるものはあるか

の3点について行う。 監査者は

④ 的を射た質問をする

⑤ 自分の目と耳で確認する

ことが大切である。 例えば「作業手順」に関する質問では

⑥ 監督者に聞く

⑦ 手順書で調べる

⑧ 実作業を見る

⑨ 必要であればカメラも使用する

監査にあたっては、単に説明を聞いて納得するのではなく、一つひとつの事実の確認を行う。そしてメモとして記録をとっておく。つまり「事実を確認すること」が調査の基本である。

また、監査中、監査者は厳正中立を保たなければならない。

(3) 質問とメモの留意点

質問、さらにはメモを取るときの留意点を挙げると下記のようになる。

＜質問等＞

① 質問は5W1Hを確認する

第8章 システム監査の実施段階

② 相手の責任度合いに応じた質問をする

③ 相手の答えを注意深く良く聞き、不用意に割り込まない

④ 答えが不明瞭なときは言葉を変えて再度質問する

⑤ 相手の答えを要約する。または繰り返すなど調査した内容をお互いに確認する努力をする。これにより監査チームの誤解を訂正してもらうことができる

⑥ 他部門の話は「うわさ」であって、証拠としない

⑦ 質問攻めにし、回答者が身構えてしまうような質問の仕方をしない

システム監査における発問のしかた

システム監査における発問の仕方には、「1 手順から先に聞く」「2 実態から先に聞く」という2つの方法がある。

「労働者の意見の反映」について、比べてみる。

1 手順を先に、後から実態を聞く（演繹的）

① 労働者の意見を反映する手順がありますか？

② その手順には次の事項が定められていますか？

　　　イ 誰が　　ロ 何を（いつ）　　ハ どのように行うか

③ 手順に従って労働者の意見を反映していますか？

④ いつ、どのように反映したかを記録に残してありますか？

2 実態を先に、後から手順を聞く（帰納的）

① 労働者の意見を反映していますか？

② いつ、どのように反映したかを記録に残していますか？

③ どのように反映していますか？

　　　イ 誰が　　ロ 何を（いつ）　　ハ どのように行うか

④ 意見の反映は、手順に従って行っていますか？

⑤ その手順はどのようなものですか？

＜メモ取り＞

① 記録類は1例のみでなく数例をチェックする

② 確認した事実を書く

③ 口頭で得た情報（回答）も書く

④ 確認した事例のタイトル、帳票名、記録番号等も記録する

⑤ 指摘事項には特に個人名は記録しない（部門、職位を書く）

＜その他＞

監査者としての心構えや意識として下記のようなものが挙げられる。

① 対話を心がけ、温かい気持ちで向かい合う

② 助言、情報提供を心がける

③ 好事例の収集を心がける

④ 個人的な意見を強要しない

⑤ 説教はしない（あくまで対等の立場）

⑥ 指示命令しない（監査者にその権限はない）

⑷ 被監査部門における調査時のポイント

被監査部門は、監査にあたり、監査の目的を「自部門の改善につなげるための監査である」と位置づけ、下記のような点に留意する。

① 自分の責任範囲で明確に答える

② 自分の責任範囲外のときは、その旨ハッキリ言う

③ 証拠（手順書や記録）を示しながら答える

④ 証拠がないときは「ない」とハッキリ言う

⑤ 質問内容がわからないときは、監査者に確認する（誤解となるので質問が不明瞭なまま答えない）

⑥ 誠意ある姿勢と、「オープンマインド」で応対する

3 監査チーム内での検討と確認

3.1 チーム確認ミーティングの実施

調査終了後、監査チームはチーム確認ミーティングを実施し、システム監査を実施して得られた情報を基に、システム監査項目のうち、何が不適切あるいは不具合であり、問題点として何が挙げられるか、評価すべき事項（好事例）は何か等を検討する。

事前に作成された評価基準に基づき判断するが、同じ情報を基に、また同じ説明を受けても必ずしも各監査者は同じ結論になるとは限らない。監査チーム全員が同じ見解の場合は問題はないが、違った場合は、チーム内で検討し最終的な判断を行うことになる。その際、主任システム監査者は十分議論をしてチーム内の見解の統一を図るように努力する必要がある。なお、統一見解が得られない場合は、最終的には主任システム監査者が判断する。

このような検討を行うことによって、以下のような効果が得られる。

① 自分とは異なる意見を聞くことによって、システム監査の見方に幅ができたり、見方の統一性に役立つ。

② 担当した分野でシステム監査者が見逃した事項などについて、互いにフォローできる。

③ システム監査者の候補者に対する実地指導になる。

3.2 終了ミーティングの実施

チーム確認ミーティングにてまとめた時点での仮のシステム監査結果を被監査部門に提示し、どこがどのように問題となる事項であったか等を説明し、誤解があればその場で確認する。また、助言事項についても確認してもらう。その上で、今後のスケジュールを確認する。

4 システム監査結果のまとめ

4.1 監査チーム内での検討と評価（要改善事項等の整理）

システム監査報告書の作成に先立ち、監査チーム内で監査結果をまとめておく必要がある。

要改善事項等については、手順化、明文化、記録化等の仕組みや実施運用、目標達成状況に関係する事項であるかなどを明らかにし、その後、以下のどの段階の問題かを明確にして整理する。

① 単独の職場の問題であり、その職場の改善で対応できる事項

② 部門の問題であり、その部門の改善で対応できる事項

③ 事業場全体として、改善する必要がある事項

4.2 システム監査結果報告書の作成と報告

システム監査の実施からあまり時が経つとシステム監査者、被監査部門の対応者の記憶が薄れることもあるため、1週間程度でシステム監査結果報告書の作成に努め、システム事務局に報告する。

報告書の作成については、担当部分を決め原案を作成する。その後、報告書全体について、チーム全員で検討することになるが、各人の見解が異なることもある。最終的には主任システム監査者の責任で決定することになるが、独断はできる限り避けて議論し、意見の統一を図るよう努力する必要がある。また、このようにすることは、システム監査者やその候補者に対しての実践教育の意味も持つことになる。

まとめが終了したら、システム事務局へ報告書を送付する。

(1)　**報告書作成の留意点**

監査報告書の内容については、以下のような点に留意する。

① 監査実施後1週間程度で作成する

② 次のような内容は記載しない
- 些細なこと
- 機密情報、個人情報
- 終了ミーティングで言わなかったこと

③ 明瞭で簡潔に事実を報告する

④ 抽象的な言葉、曖昧な言葉、意味不明な言葉は避ける

⑤ 間接的表現は避け、客観的なデータ、事実を示す

⑥ 改善を要する事項とその改善案を並列にして記述すると理解されやすい

⑦ 提案した背景、理由が読みとれる記述とする

⑧ 矛盾した内容にならないよう注意する

(2)　**被監査部門との報告書案の確認**

システム監査結果報告書の内容については、その内容等に行き違い、勘違い、あるいは解釈の相違等が被監査部門と監査者の間にある可能性がある。これらをそのままにして報告書を作成することは、両者間のわだかまりや不信感を助長することも考えられ、適切なシステム監査の実施、ひいては実効ある労働安全衛生マネジメントシステムの実施等に悪影響を及ぼすことにもなりかねない。

したがって、システム監査結果報告書を完成させる前の段階で被監査部門と監査チームが、各調査項目の事実関係を確認するための打ち合わせ等を行うことが望ましい。そして、確認された事実関係を基に報告書を作成することにする。ただし、この場合に被監査部門は、システム監査結果を少しでも良いものにしようと、いろいろな主張をすることも考えられるが、許容できるものと許容できないものの判断については、監査者（監査チーム）が慎重に検討する必要がある。

4.3　監査チームの反省会の開催

以上で一連の監査チームの活動は終了となるが、反省会を実施することにより、次期の監査に反映すべき点、さらに改善すべき点がないかどうか検討することも重要である。

検討すべきテーマとして監査の運営、要領、内容、チェックリストの使い勝手や監査結果から得られるチェックリストの効用等が考えられる。

第9章　システム監査のフォローアップの段階

　被監査部門でのシステム監査の実施段階が終了し、システム監査実施報告書がシステム事務局に提出された後、フォローアップの段階へと移行する。この章では、フォローアップでの留意点や実施すべき事項について解説する。概要は次のとおりとなる。

実施項目	内容	事業者	システム事務局	監査チーム	被監査部門
① システム監査結果に基づく改善	1）報告内容の確認		●		
	2）要改善事項の被監査部門への通知		●		
	3）被監査部門は要改善事項の改善を行い、システム事務局に改善報告書を提出				●
② 改善に対するフォロー	1）改善内容の確認及び助言		●		
	2）改善結果について、必要に応じ、確認のためのフォローアップ		●		
③ システム監査総括報告書の作成	システム監査結果報告書及び改善報告書に基づき、これらをまとめたシステム監査総括報告書を作成し、事業者に報告		●		
④ 反省会の実施	当該監査の実施後、監査の実施方法等に問題点がなかったか等検討し、結果を次回監査に反映させる。		●	●	

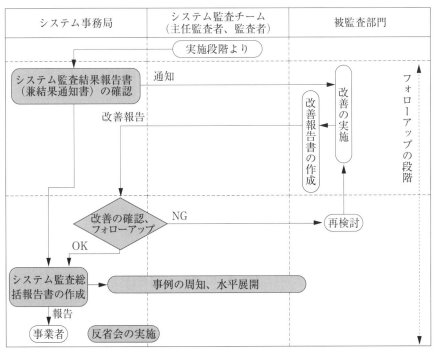

システム監査実施におけるフォローアップ段階のフロー

1 監査実施結果報告の確認と監査実施結果の通知

システム事務局は、監査チームからシステム監査結果報告書の提出を受けた後、結果報告書の内容を確認し、被監査部門に対し指摘事項等の通知を行う。確認及び通知の流れは以下のとおりとなる。

① システム事務局は、監査チームが作成したシステム監査結果報告書の内容を確認する。内容に不明な点等があった場合は、監査チームに確認する。

② システム事務局は、被監査部門の長あてに①の監査結果を踏まえ監査結果を通知する（結果通知書参照）。

なお、システム事務局は 指摘事項の質、量に応じて、被監査部門を集めての報告会を開催するなどして、被監査部門の理解に努める。

2 改善の実施

被監査部門では、指摘事項があった場合、改善を実施する。改善実施にあたっての流れは以下のとおりとなる。

① 被監査部門は監査結果通知書を確認し、指摘事項について不明な点等があった場合はシステム事務局に照会する。

② 被監査部門の長はその監査結果を自部門の労働者に周知する。

③ ②において、すぐに改善できる事項については改善し、できないものについては改善計画を作成し、これに基づき改善する。

④ 被監査部門の長は、必要に応じて自部門の関係者と相談し、指摘事項ごとに、誰が、いつまでに、どのように改善するか等を決める。

⑤ 改善対策の内容については、現場の労働者の意見を反映する。

　なお、事情により、次年度でなければ改善できないようなものもあり、この場合は次年度の安全衛生計画等に盛り込み、実施していくこととする。

⑥ システム監査計画に基づき、決められた期限までにシステム事務局へ改善実施（予定）事項を報告する（改善報告書を参照）。直ちに改善できない指摘事項に対しては、それを放置することなく、暫定的な措置を実施する。

3 改善結果の確認とフォローアップ

システム事務局は、被監査部門の改善報告の内容に基づき、改善内容を確認するとともに、必要な場合は被監査部門に改善に関する助言をする。

留意事項及び確認等の流れは以下のとおりとなる。

① システム事務局は、改善実施（予定）内容に不明な点があった場合は、被監査部門に確認し、また、改善内容に不備や助言事項等ある場合は、被監査部門に指示又はアドバイスを行う。

② 被監査部門は、①において、システム事務局から指示、アドバイスがあった場合は、改善（予定）内容を変更する等必要な対応をする。

③ 指摘事項の内容によっては、必要に応じ監査チームにフォローアップへの協力を求める。

④ システム事務局は、改善実施後にその実施状況を調査評価する。

なお、改善の内容・完了の確認は、指摘事項の重要度に応じて、例えば、表5のような対応が考えられる。

表5　改善の確認の時期、実施者等（例）

指摘事項の重要性	改善の内容・完了の確認		備考
	時　期	実　施　者	
軽微なもの	改善後	システム事務局	
中程度のもの	改善後すぐに	システム事務局	
重要なもの	改善後すぐに	システム事務局	フォローアップ

4　システム監査総括報告書の作成

システム監査の結果が事業者による労働安全衛生マネジメントシステムの見直しのための重要な資料となることから、システム事務局は、各部門での監査結果報告書を取りまとめ、評価の基準に基づき評価した上で、システム監査総括報告書を作成し、事業者に報告する。

システム監査総括報告書の意義は以下のとおりである。

① システム監査の結果を整理して報告すること

② システム監査の結果全体から判断できる指摘事項や、改善を検討すべき事項等を報告・具申すること

である。

特に②における指摘事項は、多くの部門で同じような指摘事項があった場合、背景にある要因も含め、その原因はどこにあるのかを踏まえて出されるものであり、個々のシステム監査結果からだけでは現れない指摘事項ともいえる。これは、システム監査におけるシステム事務局の大きな役割といえる。

なお、システム監査総括報告書の整理の仕方としては、次のような項目が考えられる

（総括報告書の例参照）。
① 当該監査テーマ[注] に対する全体的な監査結果について
 1) システム監査結果の全般的な傾向（指摘事項の件数含む）
 2) システム監査結果全体を評価することにより導き出される指摘事項等
 3) システム監査結果から導き出される好事例
② 労働安全衛生マネジメントシステムの運用上の問題点
 1) 各部署に共通してみられる事項
 2) 個別部署において重要な事項
③ 安全衛生に関する個別管理事項の問題点
 1) 各部署に共通してみられる事項
 2) 個別部署において重要な事項
注) ①でいう監査のテーマは、②～③ と重複することがある。

5　反省会の実施

　全ての被監査部門へのシステム監査が終了した後、システム事務局が中心となって、監査の実施内容、実施方法等に問題点がなかったか検討し、次回の監査がさらに良いものとなるよう、その結果を反映させる必要がある。また、監査が終了した後に監査チームごとの反省会が実施された場合には、その結果も反映させる必要がある。

　これらの例としては、監査チームごとに反省点を記した報告書を提出してもらう方法や、システム事務局及び全監査者出席による反省会を実施することなどがある。検討すべき点としては、以下の内容が考えられる。
① 監査手順
② 監査方法（質問の仕方、記録の確認の仕方等）
③ 監査内容（チェックリストの内容を含む）
④ 監査者の力量
⑤ チーム編成
⑥ 監査スケジュール・時期・頻度（全体日程及び当日スケジュール）
⑦ その他（被監査部門からの意見など）

第9章 システム監査のフォローアップの段階

システム監査結果報告書兼結果通知書（例）

システム監査結果報告書兼結果通知書

○○年○○月○○日作成

（通知対象者）　　（報告対象兼通知者）　　（報告者）

システム監査結果について、以下のとおり報告（通知）します。

対象部門：製造1課		システム監査者名	指摘事項の数
応対者	○○課長、○○係長、 ○○係長、○○班長（現場のみ）	主任監査者　○○○○ 監査者　　　○○○○ 　　　　　　○○○○	軽　微 3 中程度 0 重　要 0
監査年月日	○○年○○月○○日○○時～○○時		

■：定期　　□：不定期

コメント（システム監査理由等）
　システム監査計画に基づき定期監査として実施した。なお、現場ヒアリングは成形係で実施した。

システム監査結果（総合評価）	安全衛生目標の達成状況
全体として、大きな指摘事項はない。 部門安全衛生計画のPDCAサイクルについては比較的良く機能しており、今年度の安全衛生目標は着実に達成されつつある状況にある。 また、個別管理事項であるリスク管理状況については問題点がなかったが、職場安全衛生活動において、KY教育が一部実施されていないこと、化学物質管理において、管理台帳に○○○の使用量の記載漏れがあった等の軽微な指摘事項があった。	Ⓐ　B　C　D

評価すべき事項（好事例）
　ヒヤリハット未提出者に対する指導体制が機能しており、全員が3件/月の目標を達成している。

指摘事項（要改善箇所）	フォローアップの要否（※）
1　職場安全衛生活動について 　①　新人のKY教育が実施されていなかった。教育の手順を定め実施すること。	要
②　KYミーティングの実施要領で定められた、1分スピーチを輪番で実施していないケースがあった（現場ヒアリングで確認）（軽微）。	否
2　化学物質管理について 　原材料倉庫の在庫で、台帳上の在庫と実際の在庫にずれがあった。担当者の記入ミスか実際に使用したのか等の原因を究明し、ずれが生じない仕組みを構築すること。	要
3　その他 　現場計器の表示で「正常値」のマークが見づらくなっている。維持管理の仕組みを検討すること。	―

主任システム監査者コメント
　部門安全衛生計画のPDCAサイクルについては、良く機能しているレベルにあると考えられる。特に、課長を始め、係長、監督者が、熱意を持って取り組んでおり、この気持ちが各作業者に伝わって安全衛生活動の活性化につながっていると感じた。
　指摘事項である現場計器のマークの維持管理については、当方としても自職場の課題として検討します。

事務局コメント（※）
　部門安全衛生計画のPDCAサイクルについては、当工場内では、良く機能しているレベルにあります。特に、課長を始め、係長、監督者が、熱意を持って取り組んでおり、この気持ちが各作業者に伝わって安全衛生活動の活性化につながっていると考えられます。
　指摘事項の現場計器の維持管理については工場共通の課題であり、工場ワーキンググループを編成して検討します。

注（※）はシステム事務局記入欄

区分	区分の内容
A	実施項目の90％以上が目標を達成している
B	実施項目の70％以上が目標を達成している
C	実施項目の50％以上が目標を達成している
D	実施項目の50％未満しか目標を達成していない

改善報告書 (例)

3件中の1件目
○○年12月10日

改　善　報　告　書

システム監査 (○○年11月1日) における指摘事項について、
以下のとおり改善しましたので報告します。

主任システム監査者 注1)	システム事務局 (責任者)	被監査部門の長

	指摘事項	指摘事項の背景	改善方針	改善内容 (処置)	改善完了 (予定) 日	確認及びフォローアップの必要の有無 注2)
1	指摘番号1の① KY教育実施の不備	今年の4月に配置転換で当職場に配属となった若手職員について、KY教育は前職場で既に実施済みと思い込み、確認していなかった。	配置転換時等には前職場等から教育記録を取り寄せ確認するシステムとする。	KY教育の手順書に明記する。なお該当者については同じ班内のKYリーダーより下記内容について教育を実施 ① ② ③ ・・・	12月3日 (完了)	確認済み (12月5日) 手順の改定、教育の実施を確認した。

注1) フォローアップが必要なときは、報告の内容を主任システム監査者に確認する。
注2) 「確認及びフォローアップの必要の有無」欄はシステム事務局において記入する。

第9章　システム監査のフォローアップの段階

システム監査総括報告書（例）

システム監査総括報告書

○○年○○月○○日作成

工場長	システム 事務局

　○○年度の当工場におけるシステム監査の結果は以下のとおりでした。

　なお、①個別システム監査結果通知書及び改善報告書、②実施対象部門、③実施スケジュール、④監査者名は別紙のとおりです。

1　システム監査に関する総括

(1)　システム監査結果の全般的な傾向（指摘事項の件数含む）

　全体的に大きな問題はありません。特に今回の監査テーマとなっている各部門における安全衛生計画のＰＤＣＡサイクルは、前回監査時よりもさらに適正に回っていることが分かり、安全衛生目標が着実に達成されつつあります。

　工場全体の指摘事項数は以下のとおりとなります。

　　①　軽微　２２　　②　中程度　１　　③　重要　０

(2)　システム監査結果全体を評価することにより導き出される指摘事項等

　化学物質を取り扱ういくつかの部門において、管理台帳への使用量の記入漏れがありました。各部における記載の徹底不足もみられますが、監査結果全体を通じて、①事業場全体として各部門の管理担当者への教育不足、②管理台帳の様式が記載しづらいものであること、が考えられます（指摘事項レベル：中程度）。

2　労働安全衛生マネジメントシステム運用上の課題

(1)　各部門に共通してみられる事項

　リスクアセスメントの実施については、各部門長に一任されています。よって同一の設備改善でも、リスクアセスメントを実施している部署としていない部署があります。

(2)　個別部門において重要な事項（特に重要な項目）

　特になし。

3　安全衛生に関する共通課題

・・・・・・・・・・

4　安全衛生に関する個別管理事項の課題

・・・・・・・・・・

5　好事例の水平展開

・・・・・・・・・・
　　　　・
　　　　・

工場長コメント

・・・

第10章　システム監査結果の反映とシステムの見直し

　事業者は、システム監査総括報告書により、監査の結果報告を受けた後、労働安全衛生マネジメントシステムの見直しや次回安全衛生計画に監査結果を反映をするなどの対応を図る。概要は次のとおりとなる。

実施項目	内　　容	主体となる実施者			
		事業者	システム事務局	監査チーム	被監査部門
①　監査結果の報告	1）事業者への報告（総括報告書）		●		
	2）安全衛生委員会への報告		●		●
②　安全衛生計画への反映	次回の安全衛生計画への監査結果の反映		●		●
③　事業者による見直し	1）監査結果等を踏まえ、労働安全衛生マネジメントシステムの見直しの実施	●			
	2）事業者の行う労働安全衛生マネジメントシステムの見直しについての補佐		●		

1　事業者への報告

　システム事務局は、システム監査の全体結果について、システム監査総括報告書等により、事業者へ報告する。

2　安全衛生委員会への報告

　労働安全衛生マネジメントシステムにおいては、安全衛生委員会を活用し、労働者の意見を反映させる必要があることから、事業者への報告とともに安全衛生委員会において監査結果を報告する。安全衛生委員会では、報告を受けて、次の事項を審議することとなる。
①　監査結果
②　次のPDCAサイクルへの結果の反映
③　事業者の労働安全衛生マネジメントシステムの見直し

3　監査結果の周知

システム事務局は、監査結果について、その概要を掲示する方法などにより、労働者に周知し、好事例等の水平展開を図る。

4　安全衛生目標、安全衛生計画への反映

システム監査の結果、例えば、目標の設定方法に不備があった、計画の実施事項の進め方に問題があったなどのケースも考えられる。この場合は、次回の事業場や各部門における安全衛生目標の設定、安全衛生計画の作成時にシステム監査の結果を反映させる必要がある。

5　事業者によるマネジメントシステムの見直し

事業者は、システム監査結果を踏まえ、安全衛生水準の向上の状況、社会情勢の変化等を考慮し、労働安全衛生マネジメントシステムの見直しを行う。この際、上記の安全衛生委員会での検討結果を考慮することも、見直しの判断や内容についての視野を広げるという観点から重要なこととなる。

ここでいう、労働安全衛生マネジメントシステムの見直しとは、マネジメントシステム指針に基づく労働安全衛生マネジメントシステムの仕組み及び運用面だけでなく、個別の安全衛生管理事項の仕組み及び運用等事業場の安全衛生に関する事項すべてが含まれる。

付　録

〈付録〉

付録1　PDCAを適切にまわすためのポイント

1　PDCAの連鎖

　労働安全衛生マネジメントシステムを導入し、単に実施運用すれば、どんな場合でも必ず安全衛生水準が向上するということではない。PDCAを適切にまわすことがその必須条件となる。

　一口にPDCAといっても、労働安全衛生マネジメントシステムを導入した事業場を例にとれば、事業場全体でまわすPDCAが1つだけあるのではなく、部門としてのPDCA、係としてのPDCA等いくつかの大小異なるPDCAが連鎖し合って成り立っている（図6）。

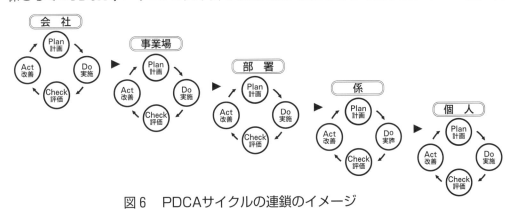

図6　PDCAサイクルの連鎖のイメージ

例えば、
① 会社全体として実施することが安全衛生方針として決まっている。
② 会社全体の安全衛生方針を受けて、事業場の安全衛生方針を定める。
③ 事業場の安全衛生方針を踏まえて、事業場安全衛生計画を作成する。
④ 事業場安全衛生計画に基づき、各部署の安全衛生計画に実施事項として定める。
⑤ 各部署の各係ごとに、実施方法、スケジュール及び役割分担（実行計画）を決めて実施する。
⑥ 係の実行計画に基づき、個人が実施する。
⑦ 日常的な点検、改善を行う。
⑧ 次の事業場安全衛生計画に改善を反映する。
⑨ 次の部署安全衛生計画に改善を反映する。
　　（上記③〜⑤に関する例を92〜96頁に示す）

といった具合に、企業としての大きなPDCAが、実は、各部門や各係、ひいては、各個人といったより小さなPDCAまでつながっている。言い換えれば、事業場全体のPDCAを適切にまわすということは、各階層における小さなPDCAを適切にまわすということにほかならない。

PDCA サイクルの連鎖
①事業場安全衛生計画（例）

□□工業　△△工場
○○年度 安全衛生計画

□□工業（株）△△工場　　安全衛生方針

△△工場は、構内で働く全ての人たちの安全と健康の確保は、企業活動に不可分な関係と認識し、安全で働きやすい職場環境を確保するように活動する。
1. 安全と健康の確保は、良好なコミュニケーションのもとに実現されるとの認識に立ち、従業員との協議を尊重する。
2. 安全衛生関係法令及び当社安全衛生規程類を遵守するとともに、必要な自主基準を設け管理レベルの向上を図る。
3. 労働安全衛生マネジメントに従って行う措置を適切に実施し、従業員と協力して継続的な安全衛生水準の向上を図る。

＊ は参考情報　●印：「前年度未達の課題」の反映

前年度の概要		重点実施事項	実施事項内容	実施目標	達成目標	
					＊前年度実績	目標
1．昨年度計画の反省 昨年度の計画について、以下の点について達成できなかった。 ①KYT の実施率が目標に対し82％であったこと ②職長以上を対象にしたマネジメントシステム教育が課長以上までしか実施できなかったこと ③定期健康診断実施率が95％であり、有所見率が60％であったこと→今年度の重点実施項目とする	●	職場リスクの低減	(1) RA の実施 　挟まれ、巻き込まれ作業の実施	25 工程以上の実施	本質的又は工学的対策実施率18％	本質的又は工学的対策実施率30％
			(2) 前年度未対策のリスク低減措置実施	実施率100％ (15 件実施)	本質的又は工学的対策実施率25％	本質的又は工学的対策実施率50％
2．災害の発生状況 休業－1件（組立1） 不休－2件 主な原因：①挟まれ箇所が未是正 ②作業方法の徹底不足		安全衛生教育の実施	(1) 該当法令の遵守 　・玉掛け有資格者の確保 　・新任職長教育の実施 　・雇い入れ時教育の実施	受講率100％ ・5 名受験 ・職長 10 名 ・雇入れ 5 名	修了率100％	修了率100％
					職長受講者全員理解度85 点	職長受講者全員理解度100 点
					雇い入れ時受講者全員理解度80 点	雇い入れ時受講者全員理解度100 点
3．リスクアセスメント実施概要 前年度の実施した結果、組立て工程以外の現場のワーク搬送設備の巻き込まれ、挟まれ箇所が多い事が判明し、未対策が15件であった。 →リスク低減措置の未対策について今年度重点実施項目とする			(2) 階層別教育の実施 　新任部・課・係長研修	受講率100％ 部（3名）、 課（5名）、 係（15名）	受講者全員理解度89点	受講者全員理解度100 点
			(3) KY リーダー養成 　中災防研修会の受講	受講率100％ （7名）	受講者全員スキルレベル4	受講者全員スキルレベル4以上
	●		(4) MS 教育 　目的と意義、役割と責任等	受講率100％ （職長以上35 名）	受講者全員理解度89点	受講者全員理解度100 点
			(5) メンタルヘルス研修 　管理監督者・作業者対象	受講率100％ （全職員）	（新規活動）	受講者全員理解度100点
4．日常的な点検・改善の結果 進行管理は毎月、目標管理は3カ月ごとに確実に実施している。しかし、問題点の発見と具体的な指示が少ないので、それらを明確に記入すること。 →周知徹底の仕組みの見直し及び教育実施を今年度重点実施項目とする	●	職場自主活動の推進	(1) KY 活動の活性化 　始業時前ミーティング活用によるKY 活動の実施	実施率100％ （1回／日）	作業手順遵守率100％	作業手順遵守率100％
			(2) ヒヤリハット事例の抽出・改善	抽出件数 1人2件／月	ヒヤリ対応率80％	ヒヤリ対応率100％
			(3) 4S 活動の実施 　・不用物の整理、廃棄 　・置き場の明確化	実施率100％ （1G　1H／月）	安全衛生パトロール時、指摘事項5件／職場	安全衛生パトロール時、指摘事項3件以下／職場
			(4) 改善提案活動の実施	提出件数 1人2件／月	改善提案実施率50％	改善提案実施率60％以上
5．内部監査の結果 主な指摘事項として、計画の進捗状況の確認への対応（計画進捗月次報告）が形骸化しつつある課がいくつかあることが判明した。 →仕組みの見直しを今年度重点実施項目とする		安全衛生パトロールの実施	(1) 幹部パトロールの実施 　（部長以上・第2火曜日）	実施率100％ 1回／月	パトロール指摘改善80％	パトロール指摘改善100％
			(2) 産業医、衛生管理者パトロール実施（毎週金曜日）	実施率100％ 1回／月 or 週		
			(3) 安全スタッフパトロール実施 　（第4火曜日）	実施率100％ 1回／月		
		作業環境職場の維持、改善	有機溶剤使用職場の作業環境測定の実施（5箇所）	実施率100％ 2回／年	第一管理区分	第一管理区分維持
＊総括安全衛生管理者コメント （4～6月）	●	総合的健康管理の推進	(1) 定期健康診断受診管理による受診率向上	2回／年 対象者530 名	未受診者フォロー率90％	未受診者フォロー率100％
	●		(2) 有所見者対象の保健指導の実施	2回／年 対象者全員	有所見率60％	有所見率50％
		健康の保持増進のための活動	ウォークラリーの開催	2回／年	（新規活動）	参加率70％以上
	●	OSHMS 実施運用の強化	日常点検、改善及び計画進捗状況手順書の見直し、周知教育の実施	関係手順見直し及び周知教育実施	不具合の指摘改善率100％	不具合の指摘改善率100％
		協力会の安全衛生推進	協力会社安全衛生推進会議の開催 （第1月曜日）	1回／月開催	安全衛生活動不具合改善率100％	安全衛生活動不具合改善率100％

〈付録〉

事業場版

OSHMS規－様式○○

4．全ての職場で、リスクアセスメントを実施し、労働災害の防止を図る。
5．化学物質に関するリスクアセスメントを導入し、その管理を徹底する。
6．心の健康づくりに関する活動を積極的に推進し実施する。
7．本方針の実行に当たっては適切な経営資源を投入し、効果的な改善を継続的に実施する。

○○年4月1日　工場長　　○○　○○

	承認	審査	作成
	総括安全衛生管理者	安全衛生部長	安全衛生課長
7月	戸倉	栗林	田原

	承認	審査	作成
	総括安全衛生管理者	安全衛生部長	安全衛生課長
4月	戸倉	栗林	田原

実績作成日：○○年7月10日
計画作成日：○○年4月1日

実施部署	計画フォロー		4	5	6	7	8	9	10	11	12	1	2	3	予算等(千円)	*累計達成実績	*安全衛生部長コメント(4月～6月)
各課	安全衛生課	予定	4工程		5工程		4工程		4工程		5工程		3工程		20,000	対策実施率9%（対策：6件／抽出：65件）	本質的又は工学的な対策実施は、技術的、コスト的にも難しい面がありますので実現可能な方法を十分検討してください。場合によっては、専門知識を持った者を参加させてください。
		実績	4工程		5工程												
各課	安全衛生課	予定		3件		2件		4件		3件		3件			10,000	対策実施率7%（対策：1件／計画：15件）	
		実績		3件													
安全衛生課	総務部	予定						3名								実績なし	年度始めの忙しい中、お疲れさまでした。達成目標を実現したプロセスを仕組み化するようお願いします。
		実績															
		予定	10名													受講者全員理解度100点（フォロー者3名）	
		実績	10名														
		予定	5名													受講者全員理解度100点（フォロー者4名）	
		実績	5名														
安全衛生課	総務部	予定			部長3名		課長5名				係長15名				1,000	受講者全員理解度100点（フォロー者なし）	
		実績			部長3名												
該当課	安全衛生課	予定			7名											受講者全員スキルレベル4.2	
		実績			7名												
安全衛生課	総務部	予定			35名											受講者全員100点（フォロー者8名）	
		実績			35名												
安全衛生課	総務部	予定					35名：職長以上			150名：作業者						8月、11月に実施予定	
		実績															
各課	安全衛生課	予定	22回	18回	22回	22回	16回	18回	21回	19回	18回	19回	19回	22回		作業手順書遵守率100%	KY活動、HH活動とRAの各特徴を活かし、重複作業の低減に努めてください。
		実績	22回	19回	22回												
各課	安全衛生課	予定	2件	2件	2件	2件	2件	2件	2件	2件	2件	2件	2件	2件		提出件数2.2件／人　対応率100%	
		実績	3.0件	1.5件	2.0件												
各課	安全衛生課	予定	1H	1H	1H	1H	1H	1H	1H	1H	1H	1H	1H	1H	2,000	表彰一位2職場	
		実績	1H	2H	1H												
各課	安全衛生課	予定	2件	2件	2件	2件	2件	2件	2件	2件	2件	2件	2件	2件		改善提案実施率69%（改善：合計590件）	
		実績	3.0件	2.0件	2.5件												
安全衛生課	総務部	予定	1回	1回	1回	1回	1回	1回	1回	1回	1回	1回	1回	1回	—	パトロール改善件数16件「内訳」・幹部P：5件・産医・衛管P：3件・安全スタッフP：8件	継続的な改善を実施するためには、安全衛生パトロールは有効な手段であります。未実施職場を責めることなく、改善100%の実現に努めてください。
		実績	1回	1回	1回												
		予定	5回	5回	5回	5回	5回	5回	5回	5回	5回	5回	5回	5回			
		実績	5回	5回	5回												
		予定	1回	1回	1回	1回	1回	1回	1回	1回	1回	1回	1回	1回			
		実績	1回	1回	1回												
該当課	安全衛生課	予定	1回						2回						1,500	5職場全て第一管理区分維持	この調子で維持に努めてください。
		実績	1回														
健康管理室	安全衛生課	予定			1回				1回						3,000	未実施フォロー率100%（フォロー者9名）	企業責任として未受診者の確実なフォローをお願いします。
		実績			1回												
健康管理室	安全衛生課	予定														実績なし	
		実績															
健康管理室	安全衛生課	予定				1回					1回				500	7月、12月に実施予定	
		実績															
安全衛生課	総務部	予定	←見直し→		←周知教育→										—	不具合の指摘改善率100%（不具合：5件/改善：5件）	教育で終わることなく周知度合いの確認、フォローをお願いします。
		実績	済		済												
安全衛生課	総務部	予定	1回	1回	1回	1回	1回	1回	1回	1回	1回	1回	1回	1回	5,000	安全衛生活動不具合改善100%（不具合：3件/改善：3件）	構内一体活動の基本的考え方に基づき安全衛生活動を進めてください。
		実績	1回	1回	1回												

②職場安全衛生計画（例）

製造一課
○○年度 安全衛生計画

□□工業（株）△△工場　　安全衛生方針

△△工場は、構内で働く全ての人たちの安全と健康の確保は、企業活動に不可分な関係と認識し、安全で働きやすい職場環境を確保するように活動する。
1．安全と健康の確保は、良好なコミュニケーションのもとに実現されるとの認識に立ち、従業員との協議を尊重する。
2．安全衛生関係法令及び当社安全衛生規程類を遵守するとともに、必要な自主基準を設け管理レベルの向上を図る。
3．労働安全衛生マネジメントに従って行う措置を適切に実施し、従業員と協力して継続的な安全衛生水準の向上を図る。

＊　は参考情報　●印：「前年度未達の課題」の反映

前年度の概要		重点実施事項	実施事項内容	実施目標	達成目標	
					＊前年度実績	目標
1．昨年度計画の反省 昨年度の計画について、以下の点について達成できなかった。 ①新入者に対する作業方法の周知（OJT）が徹底されなく、これにより休業災害が1件発生した ②全所的に職長以上を対象にしたマネジメントシステム教育が課長以上までしか実施できなかった ③当課において実施しているヒヤリ・ハット活動の目標（1人2件／月）提出が達成できなかった ④改善提案活動の目標1人2件／月の提出が達成できなかった →今年度の重点実施項目とする		職場リスクの低減	(1) RA の実施 　挟まれ、巻き込まれ作業の実施	2工程以上の実施	本質的又は工学的対策実施率15%	本質的又は工学的対策実施率30%
	●		(2) 前年度未対策のリスク低減措置実施	実施率100% （8件実施）	本質的又は工学的対策実施率20%	本質的又は工学的対策実施率50%
	●	安全衛生教育の実施	(1) 新入者に対する作業方法の周知、徹底・作業方法、安全衛生の教育実施	実施率100% （新入者3名）	新入者作業手順遵守評価レベル3	新入者作業手順遵守評価レベル5
			(2) 作業内容変更時教育	実施率100% （発生都度）	受講者全員理解度100点	受講者全員理解度100点
			(3) KYリーダー養成 中災防研修会への受講	受講率100% （2名受講）	受講者全員スキルレベル4	受講者全員スキルレベル4以上
	●		(4) MS 教育 目的と意義、役割と責任等	受講率100% （職長以上5名）	受講者全員理解度89点	受講者全員理解度100点
2．災害の発生状況 不休－1件 主な原因：①作業方法の徹底不足、 ②挟まれ箇所が未是正			(5) メンタルヘルス研修 管理監督者・作業者対象	受講率100% （全職員）	（新規活動）	受講者全員理解度100点
		職場自主活動の推進	(1) KY活動の活性化 始業時前ミーティング活用によるKY及びグループ毎の討議	実施率100% ・始業時前KY 　1回／日 ・G討議KY 　1H／2カ月	作業手順遵守率100%	作業手順遵守率100%
3．リスクアセスメント実施概要 前年度の実施したリスクアセスメントの結果、巻き込まれ、挟まれ10件のリスク低減対策を行ったが各係において未実施分2件ずつ、合計8件であった。 →リスク低減対策の未実施について今年度重点実施項目とする	●		(2) ヒヤリハット事例の抽出・改善	抽出件数 1人3件／月	ヒヤリ対応率90%	ヒヤリ対応率100%
			(3) 4S 活動の実施 ・不用物の整理、廃棄 ・置き場の明確化 ・テーマを決めて実施	実施率100% 1G 1H／月	4S職場の表彰一位回数0回	4S職場の表彰一位回数1回以上
4．内部監査の結果 問題点の発見とその問題点を解決するための具体的な手順が定められていない。 →仕組み及び運用の見直しを今年度重点実施項目とする	●		(4) 改善提案活動の実施	提出件数 1人3件／月	改善提案実施率50%	改善提案実施率60%以上
		安全衛生パトロールの実施	(1) 課長パトロールの実施 （第1月曜日）	実施率100% （1回／月）	パトロール指摘改善件数25件	パトロール指摘改善件数35件以上
			(2) 作業者パトロールの実施 （毎週水曜日）	実施率100% （1回／週）	パトロール指摘改善件数37件	パトロール指摘改善件数50件以上
5．日常的な点検・改善の結果 計画進捗状況書（月次報告）に記入漏れがあった。 →今年度重点実施項目とする		作業環境職場の維持、改善	有機溶剤使用職場の作業環境測定の実施（1箇所）	実施率100% （2回／年）	第一管理区分	第一管理区分維持
		健康の保持増進のための活動	ウォークラリーへの参加	2回／年	（新規活動）	参加率70%以上
＊製造部長コメント （4～6月）	●	OSHMS実施運用の強化	(1) 問題発見と解決のための手順書作成 (2) 記入漏れ原因調査と対応	・手順書施行 ・漏れ対応完了	（新規活動）	手順遵守率100%
		協力会の安全衛生推進	課協力会社安全衛生連絡会の開催 ・リスク情報開示等	連絡会開催 （1回／月・第1週金曜日）	支援満足度レベル4	支援満足度レベル4以上

〈付録〉

職場版

OSHMS規－様式○○

4．全ての職場で、リスクアセスメントを実施し、労働災害の防止を図る。
5．化学物質に関するリスクアセスメントを導入し、その管理を徹底する。
6．心の健康づくりに関する活動を積極的に推進し実施する。
7．本方針の実行に当たっては適切な経営資源を投入し、効果的な改善を継続的に実施する。

○○年4月1日　工場長　○○　○○

	承認	審査	作成
	製造部長	製造一課長	担当係長
7月	鈴川	竹口	野田
	承認	審査	作成
	製造部長	製造一課長	担当係長
4月	鈴川	竹口	野田

実績作成日：○○年7月1日
計画作成日：○○年4月10日

実施担当者	計画フォロー		4	5	6	7	8	9	10	11	12	1	2	3	予算等(千円)	*累計達成実績	*製造一課長コメント（4～6月）
係長	課長	予定	1工程						1工程						2,000	対策実施率10%（対策：1件／抽出：10件）	実施、達成目標共、予定以上の結果でした。この調子で活発な活動をお願いします。
		実績	1工程														
係長	課長	予定		2件		2件		2件		2件					1,000	対策実施率25%（対策：2件／計画：8件）	安全衛生活動を効果的、効率的に実施するためには、人材育成を定期的に実施することが必須であります。教育結果のフォローも忘れずに継続してください。
		実績		3件													
職長	係長	予定	←3名→													新入者作業手順書遵守評価レベル5（フォロー者2名）	
		実績	←3名→														
職長	係長	予定				実施率100%（発生都度）									100	対象なし	
		実績															
課長	安全衛生課	予定		2名												受講者全員スキルレベル4.2	
		実績		2名													
安全衛生課	総務部	予定			5名											受講者全員理解度100点（フォロー者1名）	
		実績			5名												
安全衛生課	総務部	予定					5名：職長以上			35名：作業者						8月、11月に実施予定	
		実績															
職長	係長	予定	22回	18回	22回	22回	16回	18回	21回	19回	18回	19回	19回	22回		作業手順書遵守率100%	日々の実践を通じて、全員参画の安全衛生意識を変える、職場を変える強化活動の一つです。マンネリ化に配慮して進めてください。
		実績	22回	19回	22回												
		予定	1H		1H		1H		1H		1H		1H				
		実績	1H		1H												
係長	課長	予定	3件	3件	3件	3件	3件	3件	3件	3件	3件	3件	3件	3件	200	提出件数3.3件／人 対応率100%	
		実績	4.0件	3.0件	2.5件												
課長	安全衛生課	予定	1H	1H	1H	1H	1H	1H	1H	1H	1H	1H	1H	1H		表彰一位回数0回	
		実績	1H	1H	1H												
係長	課長	予定	3件	3件	3件	3件	3件	3件	3件	3件	3件	3件	3件	3件		改善提案実施率55%（改善：合計62件）	
		実績	2.0件	2.5件	3.0件												
課長	安全衛生課	予定	1回	1回	1回	1回	1回	1回	1回	1回	1回	1回	1回	1回	―	指摘改善件数12件	全員参加による指摘事項への対応をお願いします。
		実績	1回	1回	1回												
係長	課長	予定	5回	4回	5回	4回	5回	4回	4回	5回	5回	5回	4回	5回		指摘改善件数17件	
		実績	5回	4回	5回												
課長	安全衛生課	予定	6日						9日						150	第一管理区分維持	現状維持に努めてください。
		実績	6日														
係長	課長	予定				1回					1回					7月、12月に参加予定	
		実績															
係長	課長	予定	手順書施行→		教育	←漏れの対応完了→		←確認とフォロー→							―	手順遵守率は実績なし（手順書作成完了、教育実施済）	7月から新しい手順書で運用していきますが、業務のやり易さという面で継続的なフォローをお願いします。
		実績	済		済												
課長	安全衛生課	予定	1回	1回	1回	1回	1回	1回	1回	1回	1回	1回	1回	1回	500	支援満足度レベル5（リスク情報開示：18件等）	構内一体活動の認識の下、支援をお願いします。
		実績	1回	1回	1回												

部門で作成した計画の中の実施事項について、実際に進める際に誰が何をするのか等５Ｗ１Ｈを含んだ実行計画を作成し、これに基づき計画の実施運用を図る。なお、これは日常的な点検をする際のチェック事項とすることができる利点がある。

③実行計画

実施事項	ステップ	誰が誰に	いつまでに						何を	どうするどのようにする	実施事項のポイント	備考
			4,5	6,7	8,9	10,11	12,1	2,3				
ヒヤリハット事例の抽出	1. スケジュールを作成する	課長と係長が	➡						スケジュールを	係長が班長と相談の上、原案を作成する	・すべての班長と係長が打ち合わせした ・課長と係長とは3回の打ち合わせで作成した	項目毎の担当者及び日程が入っている
	2. 課における具体的な進め方、様式、提案の方法を決める	課長、係長、班長が	➡						すすめ方を	工場の実行計画に基づき、班長以上が原案を持ちより、討議を行う	・すべての班長が持ちよれなかった ・10年前に実施した方法の問題点を改善できるようにした	工場HHK実行要項に沿っている
	3. 全員にヒヤリハット実施の目的とその進め方を説明する	課長が全員に		➡					目的とすすめ方を	課長が現場で時間内に説明する	・課長がすべてできず、2、3番交替者には係長が説明した	
	4. 班長を中心に試行してみる	班長が中心となって		➡					ヒヤリハット報告を	班長がヒヤリハットを作業者から聞いて記載する	・記入できない欄が2つ出た ・無理に欄を埋めなくてもよいのではないかと意見が出た	
	5. 試行結果を検討する	課長、係長が			➡				試行結果を	課長、係長で分析、修正する	・無記入の欄は削除し、管理に係る欄は、課長、係長、班長各々が記入するようにした	

96

〈付録〉

2　PDCAを適切にまわすためのポイント

(1)　3つのCA

　PDCAを適切にまわすということは、PDCAの連鎖ということを意識すれば、各階層におけるそれぞれの大小異なるPDCAを適切にまわすということであると述べた。では、それぞれのPDCAを適切にまわすためにはどうすればよいかというと、各階層のPDCAにおいて、計画や実施要領に基づき実施されているか、効果が上がっているか、できていない場合は必要な修正や改善が行われているか、というように、CAを適切に行うことである。

　労働安全衛生マネジメントシステムでは、①日常的な点検・改善（ラインによるCA及び安全衛生スタッフによるCA）、②システム監査（組織によるCA）、③システムの見直し（事業者によるCA）の3つのCAがある。これら3つのCAの進め方等の詳細については説明を省略するが、これらの3つのCAを、それぞれの階層において適切に実施することが事業場全体のPDCAを適切にまわすということにつながる（図4・再掲）。

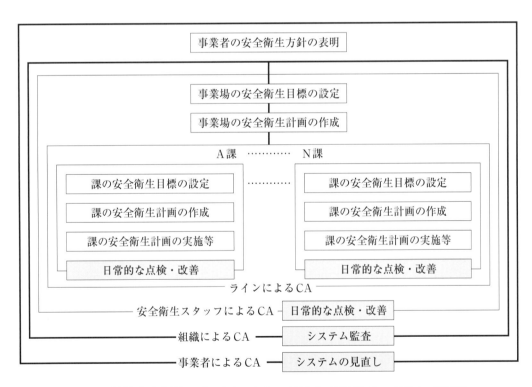

図4　労働安全衛生マネジメントシステムにおける3つのCA（再掲）

⑵ **現場の主体性**

　安全衛生水準の向上という点において、現場が主体性を持つということは、非常に重要なものであり、労働安全衛生マネジメントシステムにおいては、その考え方が盛り込まれている。

　最初に、現場が自主的、主体的に安全衛生活動に取り組むことが、安全衛生水準の向上に寄与する理由を述べる。それは、多くのリスクは現場に存在し、ほとんどの労働災害は現場で発生するので、労働環境や被災する作業者の状況を一番よく知っている現場の管理監督者が、自分の部下誰一人としてケガさせないという強い意識のもと安全衛生活動を推進することが必要だからである。現場の安全衛生に取り組む考え方や姿勢が作業者に伝わり、結果として作業者の安全な作業の心がけにつながり、ひいては安全衛生活動の活発化につながり、安全衛生水準の向上に結びつく。

　そこで、労働安全衛生マネジメントシステムにおいては、主体性を促すために
　①　現場の管理監督者の役割、責任及び権限を明確にし、管理監督者が主体的に安全
　　　衛生活動に取り組むことができるようにしている。
　②　管理監督者が、決められた役割を果たし、安全衛生水準の向上を実現するために
　　　努めているかを評価し、問題があれば改善を図るためのCAが盛り込まれている。
　労働安全衛生マネジメントシステムを単に導入し、運用すれば、安全衛生水準が向上するわけではない。真に安全衛生水準の向上を目指すのであれば、
　①　現場に主体性を持たせるための役割、責任、権限を明確にする。
　②　PDCAの連鎖を意識し、3つのCAを適切に実施する（**表6**参照）。
ことをしっかりと念頭においた上で、労働安全衛生マネジメントシステムを導入し、実施・運用していくことが大切である。

〈付録〉

表6　労働安全衛生マネジメントシステムにおける3つのCA

CA	実施者	対象となる主な PDCAサイクル	概　　要
日常的な 点検、改善 （第15条）	現場の課長（安全衛 生計画の実施責任者）	部門内の全て	部門の安全衛生目標の達成状況や安全衛生計 画の実施状況等を点検し、問題点がある場合 は必要な改善を行う
	安全衛生スタッフ等	事業場の全ての 部門	事業場の全ての部門安全衛生目標の達成状況 や部門安全衛生計画の実施状況等、目標の達 成状況を点検し、問題点がある場合は必要な 改善を行うとともに、事業場の安全衛生計画 に基づき直接事業場として管理する項目の実 施状況等を点検し、問題がある場合は必要な 改善を行う
システム 監査 （第17条）	他部門の管理者、 安全衛生スタッフ等 （他者の目で見る）	事業場の全ての 部門	安全衛生計画の期間中に、文書、記録、現場 視察等を踏まえ、労働安全衛生マネジメント システムが適切に運用されているか等につい て、調査、評価、改善する
事業者に よる見直し （第18条）	事業者 （最高責任者の目で見 る）	事業場	システム監査の結果等を踏まえ、安全衛生水 準の向上の状況、社会情勢の変化等を考慮し て、事業者自らがシステムの妥当性及び有効 性を評価して、労働安全衛生マネジメントシ ステム全般を見直す

付録2 令和元年厚生労働省告示第54号 「労働安全衛生マネジメントシステムに関する指針」

※1 「機械の包括的な安全基準に関する指針」は平成19年7月31日付け基発第0731001号通達により改正された。

※2 解釈通達第2の第10条関係で「定められる予定」とされた指針として、平成27年9月18日付け公示第3号「化学物質等による危険性又は有害性等の調査等に関する指針」が公表された。

改正「労働安全衛生マネジメントシステムに関する指針」（令和元年7月1日付け厚生労働省告示第54号）	解釈通達 （平成18年3月17日付け基発第0317007号） （令和元年7月1日付け基発0701第3号）
（目的） 第1条　この指針は、事業者が労働者の協力の下に一連の過程を定めて継続的に行う自主的な安全衛生活動を促進することにより、労働災害の防止を図るとともに、労働者の健康の増進及び快適な職場環境の形成の促進を図り、もって事業場における安全衛生の水準の向上に資することを目的とする。	第2　細部事項
第2条　この指針は、労働安全衛生法（昭和47年法律第57号。以下「法」という。）の規定に基づき機械、設備、化学物質等による危険又は健康障害を防止するため事業者が講ずべき具体的な措置を定めるものではない。	第2条関係 （H18.3.17基発第0317007号） 　指針は、事業者が講ずべき機械、設備、化学物質等についての具体的な措置を定めるものではなく、安全衛生管理に関する仕組みを示すものであること。
（定義） 第3条　この指針において次の各号に掲げる用語の意義は、それぞれ当該各号に定めるところによる。 1　労働安全衛生マネジメントシステム　事業場において、次に掲げる事項を体系的かつ継続的に実施する安全衛生管理に係る一連の自主的活動に関する仕組みであって、生産管理等事業実施に係る管理と一体となって運用されるものをいう。 　イ　安全衛生に関する方針（以下「安全衛生方針」という。）の表明 　ロ　危険性又は有害性等の調査及びその結果に基づき講ずる措置	

〈付録〉

　　　ハ　安全衛生に関する目標（以下「安全衛生目標」
　　　　という。）の設定
　　　ニ　安全衛生に関する計画（以下「安全衛生計
　　　　画」という。）の作成、実施、評価及び改善
　　2　システム監査　労働安全衛生マネジメント
　　　システムに従って行う措置が適切に実施されて
　　　いるかどうかについて、安全衛生計画の期間を
　　　考慮して事業者が行う調査及び評価をいう。

（適用）

第4条　労働安全衛生マネジメントシステムに従っ
　　て行う措置は、事業場又は法人が同一である二以
　　上の事業場を一の単位として実施することを基本
　　とする。ただし、建設業に属する事業の仕事を行
　　う事業者については、当該仕事の請負契約を締結
　　している事業場及び当該事業場において締結した
　　請負契約に係る仕事を行う事業場を併せて一の単
　　位として実施することを基本とする。

（安全衛生方針の表明）

第5条　事業者は、安全衛生方針を表明し、労働者
　　及び関係請負人その他の関係者に周知させるもの
　　とする。
②　安全衛生方針は、事業場における安全衛生水準
　　の向上を図るための安全衛生に関する基本的考え
　　方を示すものであり、次の事項を含むものとする。
　　1　労働災害の防止を図ること。
　　2　労働者の協力の下に、安全衛生活動を実施す

第4条（適用）関係

（H 18.3.17 基発第 0317007 号）

　⑴　指針は、事業場を一の単位として実施するこ
　　　とを基本とするが、建設業にあっては、有期事
　　　業の事業場ではシステムに従って行う措置を継
　　　続的に実施し、安全衛生水準を段階的に向上さ
　　　せることが困難であることから、店社及び当該
　　　店社が締結した契約の仕事を行う事業場を単位
　　　として実施することを基本としたこと。

　⑵　事業者は、指針を踏まえ、業種、業態、規模
　　　等に応じたシステムを定めることができること。

（R 1.7.1 基発 0701 第 3 号）

　　システムに従って行う措置を実施する単位とし
　　て、小売業や飲食業といった第三次産業などの多
　　店舗展開型企業をはじめとする様々な業態・形態
　　において導入されることを想定し、法人が同一で
　　ある複数の事業場を併せて一の単位とすることが
　　できることとしたこと。

第5条（安全衛生方針の表明）関係

（H 18.3.17 基発第 0317007 号）

　⑴　労働災害防止のためには、事業者自らの安全
　　　衛生に対する姿勢を明確にすることが必要であ
　　　ることから、事業者が安全衛生方針を表明し、
　　　労働者及び関係請負人その他の関係者に周知さ
　　　せることを規定したものであること。第2項各
　　　号は、安全衛生方針に盛り込むことが必要な事
　　　項を定めたものであること。

ること。

3　法又はこれに基づく命令、事業場において定めた安全衛生に関する規程（以下「事業場安全衛生規程」という。）等を遵守すること。

4　労働安全衛生マネジメントシステムに従って行う措置を適切に実施すること。

(2)　「労働者」には、労働者派遣事業の適正な運営の確保及び派遣労働者の就業条件の整備等に関する法律（昭和60年法律第88号）第45条各項の規定により事業者が使用する労働者とみなされる派遣中の労働者（建設労働者の雇用の改善等に関する法律（昭和51年法律第33号）第44条の規定により派遣労働者とみなされる送出労働者を含む。）を含むものであること。

(3)　「周知」の方法には、例えば、次に掲げるものがあること。

ア　安全衛生方針を口頭、文書、電子メール等により伝達すること。

イ　文書の掲示若しくは備付け又は事業場内コンピュータネットワークでの掲示等により、安全衛生方針をいつでも閲覧可能な状態にしておくこと。

（労働者の意見の反映）

第6条　事業者は、安全衛生目標の設定並びに安全衛生計画の作成、実施、評価及び改善に当たり、安全衛生委員会等（安全衛生委員会、安全委員会又は衛生委員会をいう。以下同じ。）の活用等労働者の意見を反映する手順を定めるとともに、この手順に基づき、労働者の意見を反映するものとする。

第6条（労働者の意見の反映）関係

（H 18. 3.17 基発第 0317007 号）

「安全衛生委員会等の活用等」の「等」には、安全衛生委員会等の設置が義務付けられていない事業場における労働者の意見を聴くための場を設けることが含まれること。

（体制の整備）

第7条　事業者は、労働安全衛生マネジメントシステムに従って行う措置を適切に実施する体制を整備するため、次の事項を行うものとする。

1　システム各級管理者（事業場においてその事業の実施を統括管理する者（法人が同一である二以上の事業場を一の単位として労働安全衛生マネジメントシステムに従って行う措置を実施する場合には、当該単位においてその事業の実施を統括管理する者を含む。）及び製造、建設、運送、サービス等の事業実施部門、安全衛生部門等における部長、課長、係長、職長等の管理者又は監督者であって、労働安全衛生マネジメ

第7条（体制の整備）関係

〈付録〉

ントシステムを担当するものをいう。以下同じ。）
の役割、責任及び権限を定めるとともに、労働者
及び関係請負人その他の関係者に周知させること。

2　システム各級管理者を指名すること。

3　労働安全衛生マネジメントシステムに係る人
材及び予算を確保するよう努めること。

（H 18.3.17 基発第 0317007 号）

(1)　第3号の「人材」については、事業場内に必
要な知識又は技能を有する者が不足する場合に
は、外部のコンサルタント等の助力を得ること
も差し支えないこと。

4　労働者に対して労働安全衛生マネジメントシ
ステムに関する教育を行うこと。

(2)　第4号の「教育」は、システムの構築のため
の業務を行う者、危険性又は有害性等の調査を
行う者、安全衛生計画の作成を行う者、システ
ム監査を行う者等事業場の実情に応じ必要な者
に対して実施すること。また、内容としては、
システムの意義、システムを運用する上での遵
守事項や留意事項、システム各級管理者の役割
等があること。

　なお、教育の対象者、内容、実施時期、実施
体制、講師等についてあらかじめ定めておくこ
とが望ましいこと。

(3)　事業者は、その関係請負人が労働者に対しシ
ステムに関する教育を行う場合は、必要な指導
及び援助を行うことが望ましいこと。

5　労働安全衛生マネジメントシステムに従って
行う措置の実施に当たり、安全衛生委員会等を
活用すること。

（R 1.7.1 基発 0701 第 3 号）

　法人が同一である複数の事業場を一の単位と
してシステムを運用する場合、当該運用の単位全体
を統括管理する者を配置することが必要であるこ
とから、当該者をシステム各級管理者として位置
付けるものとしたこと。

　また、システムが第三次産業を含む幅広い産業
において運用されることを想定し、システム各級
管理者が属する事業実施部門には、製造、建設、
運送、サービス等があるとしたこと。

103

（明文化）

第8条 事業者は、次の事項を文書により定めるものとする。

1 安全衛生方針

2 労働安全衛生マネジメントシステムに従って行う措置の実施の単位

3 システム各級管理者の役割、責任及び権限

4 安全衛生目標

5 安全衛生計画

6 第6条、次項、第10条、第13条、第15条第1項、第16条及び第17条第1項の規定に基づき定められた手順

② 事業者は、前項の文書を管理する手順を定めるとともに、この手順に基づき、当該文書を管理するものとする。

（記録）

第9条 事業者は、安全衛生計画の実施状況、システム監査の結果等労働安全衛生マネジメントシステムに従って行う措置の実施に関し必要な事項を記録するとともに、当該記録を保管するものとする。

第8条（明文化）関係

（H 18.3.17 基発第 0317007 号）

⑴ 本条は、システムに関係する労働者等への理解を深めるとともに、システムに関する知識を共有化することにより、システムに従った措置が組織的かつ継続的に実施されることを確保するため、安全衛生方針等を明文化することが必要であることから規定されたものであること。

⑵ 第1項第6号の「手順」とは、いつ、誰が、何を、どのようにするか等について定めるものであること。

⑶ 第2項の「文書を管理する」とは、文書を保管、改訂、廃棄等することをいうものであること。

⑷ 管理の対象となる「文書」は、電子媒体の形式でも差し支えないこと。

（R 1.7.1 基発 0701 第 3 号）

第4条の改正により、一の事業場だけでなく、法人が同一である複数の事業場を一の単位としてシステムを運用できることとされたことから、当該システムの運用の単位を文書に明確に定めることとしたこと。

第9条（記録）関係

（H 18.3.17 基発第 0317007 号）

⑴ 「安全衛生計画の実施状況、システム監査の結果等」の「等」には、特定された危険性又は有害性等の調査結果、教育の実施状況、労働災害、事故等の発生状況等があること。

⑵ 「記録」は、電子媒体の形式でも差し支えないこと。

⑶ 「記録」は、保管の期間をあらかじめ定めておくこと。

〈付録〉

（危険性又は有害性等の調査及び実施事項の決定）

第10条　事業者は、法第28条の2第2項に基づく指針及び法第57条の3第3項に基づく指針に従って危険性又は有害性等を調査する手順を定めるとともに、この手順に基づき、危険性又は有害性等を調査するものとする。

②　事業者は、法又はこれに基づく命令、事業場安全衛生規程等に基づき実施すべき事項及び前項の調査の結果に基づき労働者の危険又は健康障害を防止するため必要な措置を決定する手順を定めるとともに、この手順に基づき、実施する措置を決定するものとする。

第10条（危険性又は有害性等の調査及び実施事項の決定）関係

（H 18.3.17 基発第 0317007 号）

　　第1項の「危険性又は有害性等の手順」の策定及び第2項の「労働者の危険又は健康障害を防止するために必要な措置」の決定に当たっては、法第28条の2第2項の規定に基づく「危険性又は有害性等の調査等に関する指針」（平成18年3月10日付け危険性又は有害性等の調査等に関する指針公示第1号）及び別途定められる予定である「化学物質等による労働者の危険及び健康障害を防止するため必要な措置に関する指針」並びに「機械の包括的な安全基準に関する指針」（平成13年6月1日付け基発第501号）に従うこと。

（R 1.7.1 基発 0701 第 3 号）

　　労働安全衛生法等の一部を改正する法律（平成26年法律第82号）により化学物質等による危険性又は有害性等の調査等が義務化されたことを踏まえ、第1項の「危険性又は有害性等を調査する手順」の策定及び第2項の「労働者の危険又は健康障害を防止するため必要な措置」の決定に当たっては、労働安全衛生法（昭和47年法律第57号）第57条の3第3項の規定に基づく「化学物質等による危険性又は有害性等の調査等に関する指針」（平成27年9月18日付け危険性又は有害性等の調査等に関する指針公示第3号）に従うことを追加したこと。

（安全衛生目標の設定）

第11条　事業者は、安全衛生方針に基づき、次に掲げる事項を踏まえ、安全衛生目標を設定し、当該目標において一定期間に達成すべき到達点を明らかとするとともに、当該目標を労働者及び関係請負人その他の関係者に周知するものとする。

1　前条第1項の規定による調査結果

2　過去の安全衛生目標の達成状況

第11条（安全衛生目標の設定）関係

（H 18.3.17 基発第 0317007 号）

　　「安全衛生目標」は、事業場としての目標を設定するほか、これを基にした関係部署ごとの目標も設定することが望ましいこと。また、目標は達成の度合いを客観的に評価できるよう、可能な限り数値で設定することが望ましいこと。

105

（安全衛生計画の作成）

第12条　事業者は、安全衛生目標を達成するため、事業場における危険性又は有害性等の調査の結果等に基づき、一定の期間を限り、安全衛生計画を作成するものとする。

② 安全衛生計画は、安全衛生目標を達成するための具体的な実施事項、日程等について定めるものであり、次の事項を含むものとする。

1　第10条第2項の規定により決定された措置の内容及び実施時期に関する事項

2　日常的な安全衛生活動の実施に関する事項

3　健康の保持増進のための活動の実施に関する事項

4　安全衛生教育及び健康教育の内容及び実施時期に関する事項

5　関係請負人に対する措置の内容及び実施時期に関する事項

6　安全衛生計画の期間に関する事項

7　安全衛生計画の見直しに関する事項

第12条（安全衛生計画の作成）関係

（H 18.3.17 基発第 0317007 号）

(1)　第1項の「結果等」の「等」には、過去における安全衛生計画の実施状況、安全衛生目標の達成状況、第15条の日常的な点検の結果、第16条の労働災害、事故等の原因の調査結果、第17条のシステム監査の結果があること。また、実施事項の担当部署、必要な予算等も含めて作成することが望ましいこと。

(2)　第2項第2号の「日常的な安全衛生活動」には、危険予知活動（ＫＹＴ）、４Ｓ活動、ヒヤリ・ハット事例の収集及びこれに係る対策の実施、安全衛生改善提案活動、健康づくり活動等があること。（編注・下記通達（Ｒ１.７.１.基発 0701 第 3 号）参照）

(3)　第2項第4号の「安全衛生教育」には、各種教育の実施時期及び各種教育のカリキュラムを規定すること。さらに、関係部署ごとの計画を作成することが望ましいこと。

(4)　第2項第5号は、元方事業者にあっては、関係請負人に対する措置に関する事項を安全衛生計画に含めることを規定したものであること。

(5)　第2項第6号の「期間」は、1年とするのが基本であるが、これに限るものでないこと。

(6)　第2項第7号の「安全衛生計画の見直し」については、機械、設備、化学物質等を新規に導入する場合等にあっては、危険性又は有害性等の調査の結果を踏まえ、必要に応じ見直しを行うことを定めるものであること。

（Ｒ１.７.１基発 0701 第 3 号）

近年、労働者の心身の健康の確保・増進の重要性が高まっていることから、安全衛生計画に含める事項として、健康の保持増進のための活動の実施に関する事項並びに健康教育の内容及び実施時

〈付録〉

期に関する事項を追加したこと。

⑴　第2項第3号の「健康の保持増進のための活動の実施に関する事項」には、事業場における労働者の健康保持増進のための指針（昭和63年9月1日健康保持増進のための指針公示第1号）及び労働者の心の健康の保持増進のための指針（平成18年3月31日健康保持増進のための指針公示第3号）に基づき実施される職場体操、ストレッチ、腰痛予防体操、ウォーキング、メンタルヘルスケア等の取組があること。

⑵　第2項第4号の「健康教育」には、生活習慣病予防、感染症予防、禁煙、メンタルヘルス等に係る教育があること。

（安全衛生計画の実施等）

第13条　事業者は、安全衛生計画を適切かつ継続的に実施する手順を定めるとともに、この手順に基づき、安全衛生計画を適切かつ継続的に実施するものとする。

②　事業者は、安全衛生計画を適切かつ継続的に実施するために必要な事項について労働者及び関係請負人その他の関係者に周知させる手順を定めるとともに、この手順に基づき、安全衛生計画を適切かつ継続的に実施するために必要な事項をこれらの者に周知させるものとする。

第13条（安全衛生計画の実施等）関係

（H 18.3.17 基発第 0317007 号）

　　第1項の「手順」に定める事項には、安全衛生計画に基づく活動等を実施するに当たっての具体的内容の決定方法、経費の執行方法等があること。

（緊急事態への対応）

第14条　事業者は、あらかじめ、労働災害発生の急迫した危険がある状態（以下「緊急事態」という。）が生ずる可能性を評価し、緊急事態が発生した場合に労働災害を防止するための措置を定めるとともに、これに基づき適切に対応するものとする。

第14条（緊急事態への対応）関係

（H 18.3.17 基発第 0317007 号）

　　「緊急事態が発生した場合に労働災害を防止するための措置」には、被害を最小限に食い止め、かつ、拡大を防止するための措置、各部署の役割及び指揮命令系統の設定、避難訓練の実施等が含まれること。

（日常的な点検、改善等）

第15条　事業者は、安全衛生計画の実施状況等の日常的な点検及び改善を実施する手順を定めるとともに、この手順に基づき、安全衛生計画の実施状

第15条（日常的な点検、改善等）関係

（H 18.3.17 基発第 0317007 号）

　　第1項の「安全衛生計画の実施状況等の日常的な点検」とは、安全衛生計画が着実に実施されて

107

況等の日常的な点検及び改善を実施するものとする。

② 事業者は、次回の安全衛生計画を作成するに当たって、前項の日常的な点検及び改善並びに次条の調査等の結果を反映するものとする。

（労働災害発生原因の調査等）

第16条 事業者は、労働災害、事故等が発生した場合におけるこれらの原因の調査並びに問題点の把握及び改善を実施する手順を定めるとともに、労働災害、事故等が発生した場合には、この手順に基づき、これらの原因の調査並びに問題点の把握及び改善を実施するものとする。

（システム監査）

第17条 事業者は、定期的なシステム監査の計画を作成し、第5条から前条までに規定する事項についてシステム監査を適切に実施する手順を定めるとともに、この手順に基づき、システム監査を適切に実施するものとする。

② 事業者は、前項のシステム監査の結果、必要があると認めるときは、労働安全衛生マネジメントシステムに従って行う措置の実施について改善を行うものとする。

いるかどうか、安全衛生目標は着実に達成されつつあるかどうか等について点検を行うことをいい、点検により問題点が発見された場合は、その原因を調査する必要があること。なお、「日常的な点検」は、必ずしも毎日実施する必要はなく、計画期間中の節目節目で実施することとして差し支えないこと。

第16条（労働災害発生原因の調査等）関係

（H 18.3.17 基発第 0317007 号）

(1) 「労働災害、事故等」の「等」には、ヒヤリ・ハット事例のうち必要なものがあること。

(2) 「これらの原因の調査並びに問題点の把握」を実施するに当たっては、当該労働災害、事故等の直接の原因の解明にとどまることなく、当該事象を引き起こすに至った背景要因を総合的に勘案する必要があること。

第17条（システム監査）関係

（H 18.3.17 基発第 0317007 号）

(1) 「システム監査」は、システムに従って行う措置が適切に実施されているかどうかについて、文書、記録等の調査、システム各級管理者との面談、作業場等の視察等により評価するものであること。

(2) 「システム監査」の実施者は、必要な能力を有し、監査の対象となる部署に所属していない等、システム監査の実施に当たって公平かつ客観的な立場にある者であること。その限りにおいて、企業内部の者、企業外部の者のいずれが実施しても差し支えないこと。

(3) 「システム監査」は、少なくとも1年に1回、定期的に実施すること。また、安全衛生計画の期間中に少なくとも1回は実施すること。

(4) 第2項の「必要があると認めるとき」とは、システム監査結果報告に、改善の必要がある旨の記載がある場合をいうものであること。

〈付録〉

（労働安全衛生マネジメントシステムの見直し）

第18条　事業者は、前条第1項のシステム監査の結果を踏まえ、定期的に、労働安全衛生マネジメントシステムの妥当性及び有効性を確保するため、安全衛生方針の見直し、この指針に基づき定められた手順の見直し等労働安全衛生マネジメントシステムの全般的な見直しを行うものとする。

第18条（労働安全衛生マネジメントシステムの見直し）関係

（H 18.3.17 基発第 0317007 号）

　「労働安全衛生マネジメントシステムの全般的な見直し」とは、事業場の安全衛生水準の向上の状況、社会情勢の変化等を考慮して、事業者自らがシステムの妥当性及び有効性を評価し、その結果を踏まえて必要な改善を実施することをいうものであること。

第3　その他の留意事項

（R 1.7.1 基発 0701 第 3 号）

1　ISO45001（JIS Q 45001）は箇条3.3において、組織（箇条3.1）の管理下で労働する又は労働に関わる活動を行う者として「働く人（Worker）」を定義し、ボランティアや経営者も含まれるとしている。この点について、指針は、則（編注・労働安全衛生規則）第24条の2に基づくものであることから、従前のとおり事業場における安全衛生の水準の向上を図ることを目的とし、労働者の範囲についても引き続き労働安全衛生法令に定められるものであること。

2　指針第5条、第7条、第11条及び第13条の「労働者」の範囲は、システムを運用する単位の労働者であり、「その他の関係者」の範囲は、当該システムを運用する単位の状況に応じて事業者が決定するものであること。

3　指針第9条の「安全衛生計画の実施状況、システム監査の結果等」の「等」には、特定された危険源又は有害性等の調査結果、教育の実施状況、労働災害、事故等の発生状況等のほか、システムの見直し結果が含まれること。

4　指針第12条第2項で定める安全衛生計画に含める事項については、JIS Q 45100 の附属書 A が参考となること。

109

5　指針第12条第2項第2号の「日常的な安全衛生活動」には、日々繰り返して実施される活動として、危険予知活動（ＫＹＴ）、４Ｓ活動、ヒヤリ・ハット事例の収集及びこれに係る対策の実施、安全衛生改善提案活動、健康づくり活動等があるほか、時期を定めて行う活動として、安全衛生に関する大会等の啓発行事、危険の見える化活動、安全衛生診断の受診等があること。

6　則第87条の措置（則第87条の2に基づく労働基準監督署長の認定を受けた事業場が適合すべき措置）として、指針に従って事業者が自主的活動を行う場合、当該活動については、則第87条の6による更新を受けるまでの期間中、なお従前の例によること。
　　また、指針第4条による適用の単位の如何によらず、則第87条の2に基づく認定は、事業場ごとに行われること。

〈付録〉

付録3　システム監査担当者（製造業等）研修実施要領

（労働省通達「平成12年9月14日付け基発第577号」の別添2）

1　目的

　製造業等に属する業種の事業場において、労働安全衛生マネジメントシステムのシステム監査を担当する者（以下「システム監査担当者（製造業等）」という。）に対し、労働安全衛生マネジメントシステムのシステム監査に必要な知識等を付与することにより、労働安全衛生マネジメントシステムの普及を促進することを目的とする。

2　実施者

　労働災害防止団体、その他労働災害の防止のため活動を行う団体等とする。

3　対象者

　システム監査担当者（製造業等）とする。

4　研修カリキュラム

　研修カリキュラムは、別紙「システム監査担当者（製造業等）研修カリキュラム」のとおりとし、その表の左欄に掲げる科目に応じ、それぞれ、同表中欄に掲げる範囲について同表右欄に掲げる時間以上行うものとする。

5　研修の講師

　研修カリキュラムの科目について十分な知識、経験を有する者とする。

6　修了の証明等

　研修の実施者は、研修の修了者に対してその修了を証する書面を交付する等の方法により、所定の研修を受けたことを証明するとともに、研修修了者名簿を作成し保管するものとする。

システム監査担当者（製造業等）研修カリキュラム

科　目	範　囲	時　間
1　労働安全衛生マネジメントシステムにおけるシステム監査の目的と意義	(1)　労働安全衛生マネジメントシステムの概要 (2)　システム監査の目的 (3)　システム監査の考え方	2時間
2　システム監査の方法	(1)　システム監査実施体制 (2)　システム監査の計画 (3)　システム監査の手順 (4)　システム監査の内容 (5)　システム監査結果の評価 (6)　システム監査結果の報告	4時間30分
3　システム監査の演習		4時間

厚生労働省指針に対応した
労働安全衛生マネジメントシステム　システム監査担当者の実務

平成13年9月28日	第1版第1刷発行
平成16年7月22日	第2版第1刷発行
平成18年7月31日	第3版第1刷発行
平成20年3月21日	第4版第1刷発行
平成24年3月16日	第5版第1刷発行
令和元年9月30日	第6版第1刷発行
令和6年12月10日	第3刷発行

　　　　　編　　者　　中央労働災害防止協会

　　　　　発 行 者　　平　山　　　剛

　　　　　発 行 所　　中央労働災害防止協会
　　　　　　　　　　〒108-0023　東京都港区芝浦3丁目17番12号
　　　　　　　　　　　　　　　　吾妻ビル9階
　　　　　　　電　話　販売　03(3452)6401
　　　　　　　　　　　編集　03(3452)6209

　　　　　印刷・製本　　新日本印刷株式会社

　　　　　　　　　　　　　　　　　　　　　　　　　　　　　©JISHA 2019

落丁・乱丁本はお取り替えいたします
ISBN 978-4-8059-1897-5 C3060
中災防ホームページ　https://www.jisha.or.jp/

本書の内容は著作権法によって保護されています。本書の全部または一部を複写（コピー）、複製、転載すること（電子媒体への加工を含む）を禁じます。